本书为国家社会科学基金重大项目“新时代下加强中国中小微企业国际竞争力的模式与路径研究”（18ZDA057）成果；山东省自然科学基金面上项目“数字化情境下新兴跨国公司战略更新驱动因素与能力构建路径研究”（ZR2022MG076）阶段成果。

新视界 新观察

高层管理者认知与
新兴跨国公司国际化进程

方宏 ● 著

Executive Cognition and Internationalization Process of Emerging Multinationals

中国社会科学出版社

图书在版编目（CIP）数据

高层管理者认知与新兴跨国公司国际化进程 / 方宏著. -- 北京 ：中国社会科学出版社，2024. 12. -- ISBN 978-7-5227-3815-4

Ⅰ. F272. 91；F279. 247

中国国家版本馆 CIP 数据核字第 20246L1H68 号

出 版 人　赵剑英
责任编辑　黄　山
责任校对　贾宇峰
责任印制　李寡寡

出　　版　中国社会科学出版社
社　　址　北京鼓楼西大街甲 158 号
邮　　编　100720
网　　址　http://www.csspw.cn
发 行 部　010-84083685
门 市 部　010-84029450
经　　销　新华书店及其他书店

印　　刷　北京明恒达印务有限公司
装　　订　廊坊市广阳区广增装订厂
版　　次　2024 年 12 月第 1 版
印　　次　2024 年 12 月第 1 次印刷

开　　本　710×1000　1/16
印　　张　11. 25
字　　数　191 千字
定　　价　68. 00 元

前　言

为了积极应对百年大变局、实现经济高质量增长，党中央提出了构建双循环新发展格局的重大战略决策。2024 年政府工作报告中明确指出，作为新发展格局中“外循环”的关键环节，“扩大高水平对外开放，促进互利共赢”主动对接高标准国际经贸规则，稳步扩大制度型开放，增强国内国际两个市场两种资源联动效应，巩固作为新发展格局中“外循环”的关键环节，“推进高水平对外开放。依托我国超大规模市场优势，以国内大循环吸引全球资源要素，增强国内国际两个市场两种资源联动效应，提升贸易投资合作质量和水平”是党的二十大对新时代下国际化发展提出的具体要求。外贸外资基本盘，培育国际经济合作和竞争新优势，是全面贯彻落实党的二十大和二十届二中全会精神、推动中国式现代化进程的重要保证。

经济全球化进入加速调整阶段。一方面，伴随着民族主义和单边主义兴起，贸易保护主义盛行，逆全球化现象突出，对外直接投资活动遭受重创。发达国家针对跨国投资的相关政治干预不断升级，全球投资将面临更严格的审查和监管。另一方面，随着新冠肺炎疫情全球蔓延和常态化防控措施的推进，全球投资不确定性进一步增强，人员、货物流动限制更是导致全球供应链面临前所未有的挑战。在当前复杂的全球政治经济格局下，如何理性推进国际化扩张步伐，实现“在危机中育新机，于变局中开新局”的战略目标，是新时代下中国跨国公司亟须面对的重大现实问题。

与发达国家传统跨国公司不同，在缺乏所有权优势的情况下，新兴跨国公司大多背离了渐进式国际化进程理论，“快速”“跳跃”“战略创业”等特征，成为新兴跨国公司国际化进程最为典型和集中的体现。具体来看，其一，相对于传统、成熟的跨国公司而言，新兴跨国公司属于跨国经营的“后来者”。快速国际化进程的背后大多带有“战略资产寻求”与“市场机会寻求”的明显动机，其本质目的在于，在尽可能短的时间窗口内，以国际化为机会克服“新兴者劣势”，实现“弯道超车”式的跨越。其二，由于政府与国内制度环境的双重驱动，新兴跨国公司国际化进程往往带有狂飙突进的“冒险激进”特征。显然，传统的渐进式国际化进程理论难以全面、有力地解释这一现象。

上述现象主要涉及两个方面的理论突破：第一，需要在现有“国际化程度—国际化绩效”关系研究丰富成果的基础上，引入“国际化速度”和“国际化节奏”的概念，将研究焦点回归到国际化进程本身。国际化本质上是企业随时间推移而不断增大其海外市场参与以及承诺的时空动态变化过程，“加速”“激进”等特征本身就是国际化进程基本属性的具体体现。这是本书的重要起点。第二，需要构建更具情境依赖性的国际化进程理论模型，以揭示新兴跨国公司国际化进程中“机会主义”高速度的影响因素及内在机理。“激进”“跳跃”式国际化进程只是一个简单表象，其背后折射的是新兴跨国公司国际化战略决策逻辑。实际上，作为国际化战略的决策者，新兴跨国公司的国际化进程特征由高层管理者的认知模式所塑造。从管理者认知视角探究新兴跨国公司国际化进程特征的起源，真正地将国际化进程研究落实到微观层面，具有非常深刻的理论价值和实践意义。但是具体到新兴跨国公司的国际化研究前沿，聚焦于国际化进程的研究少之又少，而将这一动态进程特质与管理者认知变量结合在一起的理论研究，就更加地缺乏。

鉴于此，本书立足于新兴跨国公司特定的制度与管理情境，结合过度自信理论、注意力基础观、管理者权力理论以及绩效反馈等经典理论，从认知结构、认知偏差以及认知过程等研究视角，系统性构建了管理者认知对新兴跨国公司国际化进程的影响机制模型。并在此基础上，对上述影响机制的决策情境、内部机理和边界条件进行了实证分析。本书的研究内容以及主要结论如下：

第一，新兴跨国公司国际化进程特征分析。通过对以中国为代表的新兴跨国公司的国际化行为特征进行全方位梳理与分析，以期对其国际化扩张的动态过程进行更加真实和清晰地展现。新兴跨国公司国际化活动机遇与挑战并存。一方面，新兴跨国公司的管理者对国际化战略的选择态度更加谨慎，对外直接投资速度逐渐驶入海外扩张“慢车道”，且增长平稳，动荡性降低。另一方面，随着大数据、云计算、物联网、人工智能、区块链等数字技术的出现和发展，数字经济逐渐成为新兴跨国公司发展的新动力与新引擎。相对于传统型对外直接投资行为的减少，数字型对外直接投资速度和节奏均明显增加，成为新兴跨国公司参与数字时代竞争、实现“数字化转型”的理想路径。

第二，认知偏差视角下新兴跨国公司国际化速度研究。将国际化速度概念划分为基于深度和基于广度两个维度，结合国际双元理论，从不同的侧面对中国企业国际化进程进行刻画，并聚焦于国际化进程背后所存在的非理性认知将对不同维度的国际化速度的影响机制，颠覆了国际商务研究中对管理者“完全理性”的假设。同时，从中国特殊的制度和文化情境出发，探讨了高管政治网络对过度自信和两种维度的国际化速度之间关系的调节作用，进一步对新兴经济体情境下国际化进程研究进行了补充和深化。

第三，认知过程视角下新兴跨国公司国际化速度研究。高层管理团队认知对战略选择具有重要影响。权力特征的改变可以影响高管团队的风险注意力配置，从而在企业制定国际化战略时形成相匹配的风险评估机制。CEO 权力较大时，新兴跨国公司风险评估谨慎度会增强，高层管理团队进而做出激进、高风险国际化投资决策，这一结论为有效引导企业国际化投资速度提供了可能。同时，对委托代理理论中长期存在的“权力会导致风险规避”的假设提出了挑战。

第四，认知结构视角下新兴跨国公司国际化节奏研究。性别差异具有截然不同的认知逻辑。基于有限理性假设，关注决策者“注意力焦点”“因果逻辑”“社会认知”等认知特征，探讨女性 CEO 认知结构对新兴跨国公司国际化节奏的影响机制。除此之外，引入个体认知能力以及团队结构变量，构建 CEO 性别认知差异系统模型，探讨 CEO 决策逻辑以及其与高层管理团队有效互动的内部机理，深入揭示新兴跨国公司“跳跃性”国际化模式背后的微观认知基础。

第五，认知偏差视角下新兴跨国公司国际化节奏研究。过度自信程度较高的高层管理者对自身能力和投资收益容易产生过高估计，并对投资风险出现选择性忽略，导致新兴跨国公司国际化进程整体呈现“跳跃性”。国有股比例较高时，跨国公司获取资源的能力将相应提高，在更宽松的资源约束下高层管理者的风险意识相对降低，国际化节奏的跳跃性将进一步提高。而外部产业压力则会增强高管的风险敏感度，遏制高管过度自信对国际化节奏的促进效应。

综上所述，本书聚焦于探讨高层管理者及其团队的认知结构、认知偏差以及认知结构对新兴跨国公司国际化进程的影响，响应了战略管理界回归微观基础的号召，为新兴经济体情境下的国际化模式提供了新的理论解释，并可以在一定程度上对新兴跨国公司国际化布局和企业治理提供理论支持。

目　　录

第一章　绪论

党的二十大报告中强调：“中国坚持对外开放的基本国策，坚定奉行互利共赢的开放战略”，要坚持“推进高水平对外开放”，为我们推进对外开放工作指明了前进方向、提供了根本遵循。构建“以国内大循环为主、国内国际双循环相互促进的新发展格局”是党中央提出的重大战略部署。高水平对外开放是新发展格局形成的重要一环。在当前复杂的全球政治经济格局下，如何合理优化国际化地域布局，理性推进国际化扩张步伐，抓住创新发展新机遇，实现“在危机中育新机，于变局中开新局”的战略目标，是新时代下中国跨国公司亟须面对的重大现实问题。近年来，逆全球化举措频繁、新冠疫情蔓延，全球经贸合作萎缩。在这种背景下，中国对外直接投资逆势增长，对外开放程度与质量稳步提升，国际化进程展示出与欧美发达国家截然不同的中国特色。随着国际商务领域研究的深化，国际化战略在时间维度上的具体体现——“国际化进程”特征逐渐被意识到是决定企业国际化扩张绩效的重要因素之一。作为国际化战略决策者和负责人，企业高层管理者及其团队的认知思维及行为特征对国际化进程具有关键性影响。深入细致地对国际化进程进行刻画，并在此基础上基于管理者认知视角探究新兴跨国公司国际化进程模式出现的源头，促使企业更加理性地规避海外扩张的不确定性，并通过国际化扩张持续增强对国际舞台的话语权，具有深刻的理论价值。

第一节 研究背景与意义

一 研究背景

随着全球一体化进程加快和国际市场竞争格局形成，在条件成熟时积极走向世界，成为新兴跨国公司的必然选择。如何在全球范围内配置资源、寻求增长机会是新兴跨国公司现阶段面临的重大问题。过去的几十年中，在“走出去”政策以及“一带一路”合作倡议的推动下，中国跨国公司对外直接投资的增长速度达到了前所未有的水平。与经典国际化进程理论（Uppsala 模式）不同，作为跨国经营的“后来者”，新兴跨国公司的海外扩张节奏并未遵循传统的渐进式发展路径，而是呈现出典型的“激进”和“战略跳跃”式发展，具有“战略资产寻求”与“利润机会寻求”的显著特点（Lyles et al.，2014）。借力国际化快速布局，是新兴跨国公司在尽可能短的时间窗口内，以积极对外直接投资为跳板，克服“新兴者劣势”，实现“弯道超车”式超越的理想路径（Madhok & Mohammad，2012；Blackburn，2020）。

近年来，伴随着全球产业结构深度调整，逆全球化思潮不断兴起，新冠肺炎疫情全球化蔓延，全球投资活动出现持续性低迷。根据联合国贸发会议（UNCTAD）2021 年发布的《世界投资报告》数据显示，全球对外直接投资自 2017 年开始呈下降趋势，2020 年全球对外直接投资流量下跌 35%，从 2019 年的 1.5 万亿美元锐减至 1 万亿美元，创 2005 年以来新低。但与此同时，作为新兴经济体的典型代表，尽管困难重重，中国企业海外扩张进程在经历短期降速之后仍然展现出“加速化”特征，如图 1-1 所示。这一悖论背后的原因值得深思：新兴经济体“快速”与“跳跃”式国际化进程背后究竟隐藏着怎样的管理逻辑？在日益严峻的国际化形势下，是哪些因素影响了管理者对国际扩张的决策行为？

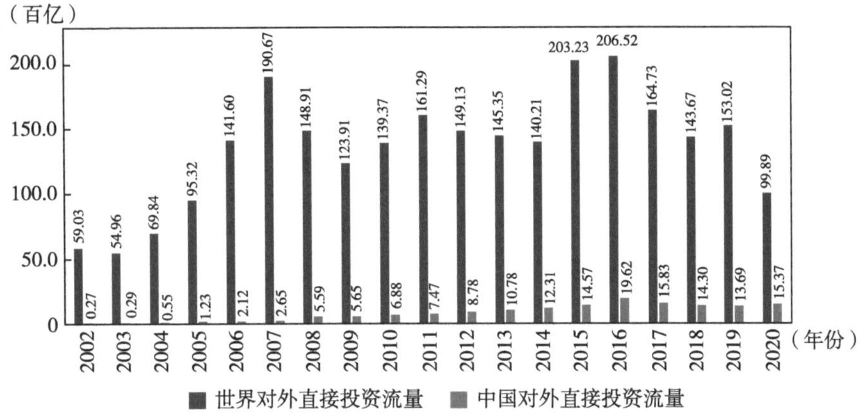

图 1-1 全球及中国对外直接投资流量

资料来源：根据 UNCTAD：*World Investment Report*，2021 资料整理而得。

国际化进程本质上是一种复杂、多元的国际化行为序列模式（Casillas & Moreno-Menéndez，2014），是关系新兴跨国公司国际化风险及绩效的重要因素（周荷晖等，2019）。实际上，国际化动态进程特征只是一个简单的表象，其内涵是新兴跨国公司的快速国际化布局，其背后折射的是新兴跨国公司国际化战略行为逻辑和能力构建意图。超越现有研究对国际化进程“早晚”及“快慢”等单一维度的简单关注，将新兴跨国公司国际化进程与时间维度相结合，才能实现对新兴跨国公司快速国际化布局动态过程深入细致的理论解读。

进一步，从理论层面解释“国际化进程决策从何而来”的问题将更加有趣且意义重大。中国式国际化进程只是一个简单的表象，其背后折射的是中国跨国公司国际化战略行为逻辑和能力构建意图。管理者认知是理解企业决策逻辑、学习适应、演化发展的重要理论基础（李璨等，2019）。国际化进程研究出现时间不长，研究体系并不成熟，在有限的前置因素研究中大多基于“完全理性”假设从制度、资源、产业、创新等视角展开（Chang et a1.，2011）。然而，战略选择最终取决于决策者心理认知及决策情境（Cyert and March，1963；Powell et al.，2011）。作为国际化战略的决策者和资源的控制者，高层管理者的认知特质会反映在公司的战略行为选择上。创业者和管理团队的性别、年龄、态度、经验、风险倾向等认知特征都会对国际化动态过程产生影响（Pla-Barber and Escribá-Esteve，2006；Acedo and Jones，2007）。

但是，针对这一重要维度，现有研究仍存在缺陷：第一，以往研究大多聚焦于管理者认知特征对国际化战略静态特征的影响。传统国际化理论长期将国际化战略做静态化处理，忽略国际化进程本身所固有的动态复杂性（Welch & Paavilainen-Mäntymäki，2014）。事实上，国际化绩效的形成实质上是复杂动态国际化进程的结果和产物。围绕中国企业的国际化扩张节奏特征，构建更具情境依赖性的中国企业国际化战略行为理论模型，有助于进一步整合以及深化国际化进程理论（Child & Marinova，2014）。第二，基于高阶视角探讨国际化战略前置因素的相关研究日益丰富，但实证结论的多重性从侧面反映出国际化战略决策背后的认知复杂性特征（徐高彦等，2020）。需要回到管理者认知本身，重新审视战略决策的底层逻辑（Helfat & Peteraf，2015），揭示新兴跨国公司特殊国际化模式背后的微观认知基础。

鉴于上述认识，本书首先从速度和节奏两个动态维度构建新兴跨国公司国际化进程系统概念，从而能够深入刻画中国企业快速国际化布局特征。在此基础上，结合性别认知理论、过度自信理论、注意力基础观、绩效反馈理论、管理者权力理论等经典理论视角，关注决策者“认知结构”“认知偏差”“认知过程”以及“认知演变”等认知维度，利用多来源纵贯数据，对新兴跨国公司国际化进程背后的管理者认知逻辑、作用机理以及边界条件进行理论分析和实证检验，实现对新兴跨国公司“快速”和“跳跃”式国际化扩张模式更为系统深刻的理论解释。

二 研究意义

（一）理论意义

第一，传统国际化理论长期将国际化战略做静态化处理，忽略国际化进程本身所固有的动态复杂性特征。把关注点深入到国际化动态进程之中，围绕中国企业的国际化扩张节奏、速度等动态特征，构建更具情境依赖性的中国企业国际化战略行为理论模型，深入细致地刻画传统跨国公司对外直接投资进程特征，有助于进一步整合以及深化国际化进程理论。新时代下跨国公司国际化市场窗口更加灵活、多变，时间竞争已经成为企业国际化竞争的关键。但现有研究仍然将国际化战略与时间维度作割裂式处理，与已有研究不同，本书将从速度和节奏双视角出发，揭示新兴跨国公司国际化扩张的过程特征和内在逻辑，为深入探究新兴跨国公司国际扩张进程奠定基础。

第二，基于管理者认知视角探讨新兴跨国公司“快速”和“跳跃”式国际化扩张的深层次诱因，弥补国际化进程相关前置因素研究的不足。决策者倾向于基于个体认知对组织情境做出高度个性化的诠释，并据此进行战略选择。回归管理者认知本身，重新审视国际化进程战略决策的底层逻辑，有助于揭示新兴跨国公司独特的国际化模式背后的微观认知基础，响应战略管理界“从微观基础探讨战略问题”的号召。

第三，作为新兴的战略研究领域，现有管理者认知研究中大多采用单一认知维度对国际化进程进行解释。本书从认知结构、认知偏差等静态认知特征和认知过程等动态认知特征两个维度构建管理者认知理论系统性理论框架，有助于拓展管理者认知理论的研究广度和深度，系统性揭示管理者认知对新兴跨国公司国际化进程影响的内部机理。

（二）实践意义

随着发达国家推进经济全球化发展的意愿减弱，单边主义和贸易保护主义抬头，逆全球化现象集中升温，全球投资及贸易环境进一步复杂化。与此同时，以人工智能、区块链等为核心的前沿技术，正在深刻改变全球产业结构和商业形态，进一步增加了国际市场的不确定性。如何通过更加科学、合理的国际化战略来应对国际市场的新挑战是新兴跨国公司面临的重大现实问题。从国际化进程视角去探讨新兴跨国公司国际化布局的动态特征，能够帮助管理者对企业的国际扩张过程有一个更加真实和完整的把握。另外，探究新兴跨国公司独具特色的国际扩张特征背后的决策情境和认知基础，能够引起企业利益相关者对管理者及其团队认知的重视，降低因非理性认知因素对企业国际化战略决策可能造成的负面影响。因此，从实践层面而言，本书紧密契合新的经济格局下新兴跨国公司国际化面临的战略布局问题，具有较强的实践指导意义。

第二节　研究内容

本书主要以新兴经济体跨国公司的国际化活动，尤其是中国跨国公司为研究对象，构建“认知—战略—绩效”理论框架，聚焦于探讨中国式国际化进程的认知前因。在对国际化进程理论和管理者认知理论进行归纳和总结的基础上，从国际化速度和国际化节奏两个维度对新兴跨国公司国际化进程特征进行了测量。同时，从静态认知（认知特征、认知偏差）和动态认知（认知过程、认知演进）两种视角出发，结合过度自信理论、注意力理论、绩效反馈理论等经典理论视角，探讨了管理者认知对新兴跨国公司国际化进程的内在作用机制，以期为复杂环境下中国企业国际化决策提供经验证据和路径指导。具体内容安排如下：

第 1 章：绪论。在全球产业结构深度调整，逆全球化思潮不断兴起，新冠肺炎疫情全球化蔓延，全球投资活动出现持续性低迷的背景下，新兴经济体彰显出巨大潜力和强劲韧性。绪论部分主要是基于目前的理论及现实背景提出研究问题，阐述研究动机以及意义，总结整体研究思路和主要研究内容，并对研究方法和理论创新点进行系统介绍。

第2章：相关理论基础。本章是在对国际化进程理论和管理者认知理论的国内外研究进展进行系统阐述的基础上，对国际化进程的两个维度，即国际化速度和国际化节奏的理论脉络、研究进展进行了系统梳理，确定了本书的研究对象；除此之外，从管理者认知理论的静态视角和动态视角等维度，结合过度自信理论、注意力基础观、管理者权力、业绩反馈理论等相关理论进行文献综述，并在此基础上梳理了基于管理者认知视角的国际化进程现有研究。因此，本章意在总结国际化进程理论和管理者认知理论的国内外研究进展，阐释核心理论问题和相关实证研究，提炼理论发展脉络和研究前沿，探索认知视角下国际化进程研究领域的拓展及未来可能的研究方向，为后续相关研究奠定理论基础。

第3章：新兴跨国公司国际化现状与特征分析。新兴跨国公司对外直接投资活动对实现全球产业链和供应链稳定、畅通全球经济运行具有战略性意义。过去的二十年间，新兴跨国公司大量而且快速地采用海外并购作为国际扩张的基本市场进入模式，“快速”“跳跃”式海外进程特征的背后由于国际化关键资源与管理能力严重短缺所带来的巨大压力，往往被诟病为“激进”或“高风险”式扩张。在经济全球化进程受阻、贸易摩擦不断、地缘政治风险加大等国际形势下，新兴跨国公司的国际化进程遭遇严峻挑战。全球投资环境动荡加剧，新兴跨国公司对外直接投资流出量连续三年下滑，对外直接投资速度由“激进式”转入慢车道，投资节奏由“跳跃式”转向“规律化”。全新的国际化形势意味着新的机会与威胁，对新兴跨国公司海外扩张路径进行持续追踪，有利于中国企业对海外发展形势和战略进行准确研判，为企业全球化发展提供理论参考以及对策建议。

第4章：管理者认知对新兴跨国公司国际化速度的影响研究。高管认知特质会对企业战略行为选择造成重要影响（Hambrick & Mason，1984）。基于中国上市公司国际化进程数据，本章从认知偏差与认知过程两种视角对新兴跨国公司国际化速度的前置因素进行了理论推演及实证分析。

首先，作为国际化战略的缔造者和负责人，高层管理者认知特征会对企业国际化进程产生直接影响。通过理论推演及实证分析，结合管理者认知理论、过度自信理论以及政治网络理论，本章对在中国特殊的制度和文化影响下，高管认知偏差（过度自信）对不同维度的国际化速度产生影响的作用机制和影响边界进行了探讨，有助于更深入地探究新兴跨国公司国际化进程特征及其认知逻辑。

其次，基于注意力基础观“组织情境—注意力配置—决策行为”经典范式，构建CEO权力对国际化扩张动态进程的影响以及管理者认知（国际化风险注意力）在CEO权力与国际化速度之间的中介作用模型，从认知过程视角解释了在中国特殊的制度和传统文化背景下，CEO权力对“激进式”海外扩张模式产生影响的内部认知机制。

第5章：管理者认知对新兴跨国公司国际化节奏的影响研究。以中国上市跨国公司为研究对象，结合性别认知理论、过度自信理论等经典理论视角，从决策者认知维度对新兴跨国公司国际化节奏背后的管理者认知逻辑和作用机理进行理论分析和实证检验，给出对中国特色的国际化进程更为系统深刻的理论解释，以期能够从微观层面破解“国际化进程”黑箱，从而为解释和指导中国国际化实践作出贡献。

首先，基于“认知—行为”基本理论范式，关注决策者“注意力焦点”“因果逻辑”“社会认知”等认知特征，构建女性CEO认知结构对国际化节奏的影响机制模型，并进一步从个体认知（CEO受教育程度）和群体结构（TMT任务导向断裂带）层面考察CEO性别认知对国际化节奏产生影响的边界作用，探讨CEO决策逻辑以及其与TMT有效互动的内部机理，对进一步拓展和丰富国际商务领域和管理者认知领域研究，优化跨国公司治理具有重要意义。

其次，抛弃管理者完全理性假设，基于过度自信理论这一经典认知偏差理论，运用中国沪深两市A股上市公司2007—2013年面板数据，以高管层面管理者为分析对象，探讨高管过度自信对中国企业对外直接投资节奏的影响机制，进而考察在内部股权结构和外部国际化压力的双重情境下该影响机制的变化情况，有助于更深入地理解新兴跨国公司的国际化扩张战略。

第 6 章：结论及展望。本章对全书研究主题及结论进行总结及概括，并从实践角度提出本书的研究启示及政策性建议。最后，将详细地列举本书可能存在的不足，并对未来相关研究方向提供进一步的展望。

本书的章节安排如图 1-2 所示。

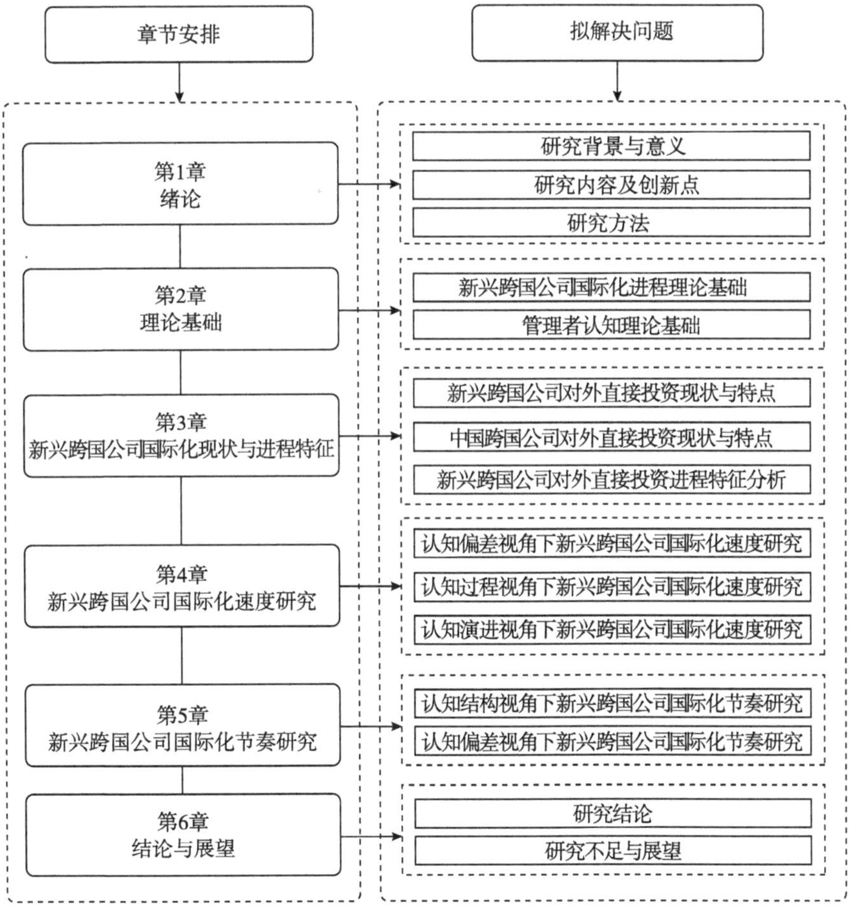

图 1-2　章节安排

第三节 创新点

一 研究内容创新

以中国跨国公司为研究对象，基于速度、节奏两个层面构建新兴跨国公司国际化进程多维体系展开系统研究。国际化进程特征是承诺、模式、位置等国际化战略多维变量随时间的变化体现，但已有研究大多局限于国际化进程特征的单维度特征，鲜有文献同时关注跨国公司国际化速度与节奏两个动态特征的前置因素。鉴于此，本书在对以往文献进行归纳总结的基础上，通过构建双维度国际化进程体系，聚焦于管理者认知特征对国际化速度和国际化节奏的影响机制，从而深入刻画中国企业国际化扩张动态过程的不同侧面，有助于获取关于新兴跨国公司国际化行为更加具有实践性和真实性的研究结论，弥补以往研究的不足。

二 研究视角创新

从微观认知视角探索在复杂国际环境下中国式国际化进程的逻辑源头，弥补国际化进程相关前置因素研究的不足，响应了战略管理领域对强化微观基础研究的号召。作为一种新兴理论视角，真正系统地从管理者认知视角对国际化动态过程进行研究的文献极为匮乏。结合新兴经济体的特殊制度和文化情境，基于管理者认知视角，从静态认知维度（认知结构）和动态认知维度（认知过程）两个维度构建了管理者认知对中国跨国公司国际化进程的系统影响框架，整合性别认知、过度自信、注意力基础观、绩效反馈、高管权力等多种理论范式，有效构建中国式国际化进程的管理者认知理论模型，从微观层面深化了国际化速度和国际化节奏理论的研究，提升了管理者认知的理论解释力，进一步丰富了国际化进程理论研究和管理者认知理论。因此，本书的研究视角是独特且具有理论前沿性的。

第四节　技术路线

基于发现问题、分析问题以及解决问题的基本研究思路，将文献研究、统计分析、理论研究以及实证研究方法相结合，本书从管理者认知理论出发，基于静态和动态认知两个视角构建了新兴跨国公司国际化速度和国际化节奏的研究模型。

本书的技术路线如图 1-3 所示。

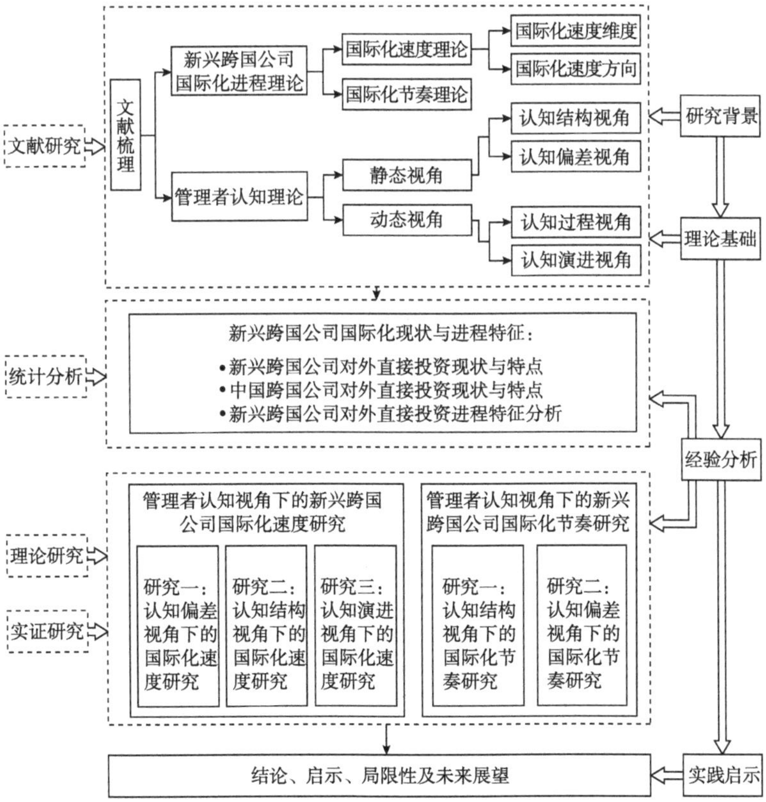

图 1-3　技术路线

第五节 研究方法

研究方法由研究问题和数据资料而定（唐世平，2015）。本书的核心议题是基于管理者认知视角探索新兴跨国公司国际化速度和节奏特征的影响因素、作用机理和边界条件。国际化进程理论研究时间尚短，理论内涵与外延尚未形成统一共识，且缺乏对其前置因素及影响机制的系统性检视，因此对新兴跨国公司国际化进程特征的认知前因进行挖掘和论证，就需要从前期理论及相关实践两方面入手。根据规范性、针对性和创新性的基本原则，本书综合采用文献研究、理论研究、统计分析以及实证研究等方法，力求做到理论与实证研究相结合、定性与定量研究相结合、基础研究与应用研究相结合的混合思维展开分析。具体来看，本书在研究新兴跨国公司对外直接投资现状、特点及进程特征等问题时，采用了基于宏观数据（世界、中国）以及中国上市跨国公司数据的统计分析研究方法；在分析认知结构、认知偏差、认知过程对新兴跨国公司国际化进程（速度、节奏）的影响机制的时候，采用的是基于中国上市公司二手数据的实证研究和理论研究相结合的方法。具体研究方法如表 1-1 所示。

表 1-1　研究方法总结

研究问题	子问题	研究方法	研究样本
相关研究基础	新兴跨国公司国际化进程理论综述	文献研究	国内外相关文献
	管理者认知理论综述	文献研究	国内外相关文献
新兴跨国公司国际化现状与特征	新兴跨国公司对外直接投资现状与特点	统计分析	宏观数据
	新兴跨国公司对外直接投资进程特征研究	统计分析	中国上市公司数据

续表

研究问题	子问题	研究方法	研究样本
管理者认知对新兴跨国公司国际化速度的影响	管理者认知偏差对新兴跨国公司国际化速度的影响	理论研究 实证研究	中国上市公司数据
	管理者认知过程对新兴跨国公司国际化速度的影响	理论研究 实证研究	中国上市公司数据
管理者认知对新兴跨国公司国际化节奏的影响	管理者认知结构对新兴跨国公司国际化节奏的影响	理论研究 实证研究	中国上市公司数据
	管理者认知偏差对新兴跨国公司国际化节奏的影响	理论研究 实证研究	中国上市公司数据

一　文献研究法

第一，通过系统搜集和整理新兴跨国公司国际化动态过程相关文献，厘清了国际化进程研究的理论脉络。具体来说，在国际化速度维度，从研究阶段（初始进入速度到国际化后速度）、研究维度（单维国际化速度概念到多维国际化速度概念）、研究属性（标量国际化速度到向量国际化速度）等若干层面，由浅入深、由简入繁地介绍了国际化速度的相关研究背景和发展过程；在国际化节奏维度，从国际化节奏的前因和影响两个维度对相关研究进行了系统阐述。

第二，本书对管理者认知理论进行了系统梳理，结合注意力基础观、过度自信、性别认知、高管权力、业绩反馈等经典理论，从静态和动态两个视角对认知结构、认知偏差、认知过程等理论视角的发展也进行了系统分析和详细阐述，并在此基础上，重点对基于管理者认知视角的国际化进程研究进行了文献搜集和整理工作。国际化进程研究刚刚起步，且大多基于理性人假设，对基于管理者认知视角进行解释的相关研究相对匮乏，关注国际化进程微观基础研究具有较高的理论和实践意义。

二 理论研究法

以文献研究和统计数据为依据，构建各章节研究内容框架和概念模型，为后续实证研究提供重要支撑。具体来说，在国际化速度研究方面，首先，以中国跨国公司基于深度和广度的国际化速度为研究对象，从认知偏差的经典视角——过度自信入手，探讨过度自信认知偏差对新兴跨国公司国际化速度的影响，并进而考察在高管具备政治网络的情境下该影响机制的变化情况。其次，基于“组织情境—注意力配置——决策行为”经典范式，探索在中国特殊的制度和文化背景下，CEO 权力如何改变高层管理团队国际化风险注意力，从而引起国际化速度的变动机制，从认知过程视角解释新兴跨国公司“激进式”海外扩张模式。

在国际化节奏层面，首先，围绕“认知—行为”基本理论范式，基于“知觉与注意”“问题解决与推理”及“社会认知”认知概念，构建女性 CEO 认知对国际化节奏规律性的影响模型，并进一步从个体认知和群体结构角度考察 CEO 性别对国际化节奏产生影响的边界作用，对新兴跨国公司国际化决策背后的认知逻辑和影响边界进行了探讨。其次，基于管理者认知偏差视角，对高层管理者过度自信与对外直接投资的动态过程特征的相关关系进行了分析，深入完善了管理者认知理论和新兴跨国公司国际化进程理论。

三 实证分析法

本书的第四章和第五章主要应用了实证分析的方法。首先，在文献研究基础上，确定国际化速度的各维度指标和主要变量的测量方法，选择恰当的研究样本，通过权威数据库、官方网站等可靠渠道获取数据，构建中国上市公司国际化行为的面板数据。其次，在理论推演基础上，构建整体理论框架以及回归模型。利用现代计量方法，如描述性统计、简单相关分析、多元线性回归、动态面板回归等多种统计方法，采用 Stata15.0 作为计量分析工具，对管理者认知与新兴跨国公司国际化进程特征之间的影响机理、前置情境、中介机制和边界条件进行了研究设计，并在此基础上进行计量分析。最后，对上述实证分析分别进行稳健性检验，进一步保证了回归结果的有效性、稳健性和可靠性。

第二章　相关理论基础

本书主要聚焦于探究管理者认知对新兴跨国公司国际化进程的作用机理及影响效应。作为国际商务领域以及战略管理领域的前沿问题之一，新兴跨国公司国际化进程研究起步不久，基于管理者认知视角的相关研究成果并未形成体系，对相关概念和理论发展进行系统性梳理变得尤为必要。因此，本章意在总结国际化进程理论和管理者认知理论的国内外研究进展，阐释核心理论问题和相关实证研究，提炼理论发展脉络和研究前沿，探索认知视角下国际化进程研究领域的拓展及未来可能的研究方向，为后续相关研究奠定理论基础。

第一节　新兴跨国公司国际化进程理论

国际化进程（internationalization process）是国际商务领域的核心问题。传统国际化理论倾向于把企业的国际化进程理解为有序深化与前进的行为模式，但这实际上是对极为复杂的国际化实践做简化式处理，进而导致国际化动态、多元的过程本质被忽略。作为时间维度的关键体现，国际化进程涉及国际化机会和组织资源能力的统一协调，是国际化战略的重要维度，也是国际化绩效的关键影响因素（Chetty et al.，2014）。但是相对于国际化战略的其他层面，国际化进程的动态特征长期以来被国际化研究领域所忽略。

新兴跨国公司迅速崛起，其“激进”“跳跃”式的国际化特征为国际化进程理论的发展创造了契机。通过对国内外相关主题文献进行系统梳理，本节首先归纳总结了国际化进程理论的基本发展脉络，并以此为起点，相继对国际化进程理论的两个核心概念——“国际化速度”和“国际化节奏”的内涵、特征以及发展规律进行详细阐述，为指导和促进新兴跨国公司国际化稳健发展提供学理支撑。

一 理论脉络

时间维度是国际商务理论长期关注的理论维度之一。作为最具影响力的经典国际化理论，乌普萨拉模型（Uppsala Model）认为企业国际化进程是一种渐进式的知识学习和经验累积过程（Johanson & Vahlne，1977；2009），即无论是海外目标市场的选择还是市场进入模式的变化都是循序渐进的。换句话说，国际化企业通过对海外市场的相关知识、经验进行持续获取、整合以及利用，逐渐实现从不确定性较低的出口模式逐渐发展到不确定性较高的对外直接投资模式、从海外临近市场逐渐扩张到“心理距离”（Psychic Distance）越来越大的新市场（Johanson & Vahlne，1977）。在某一海外市场进行投资的企业倾向于在该市场持续拓宽企业职能和业务线，而非向其他不熟悉的市场进行投资（Kogut & Chang，1996）。Mathews 和 Zander（2007）认为企业的国际化进程虽然并非严格遵循阶段化特征，但是其创业观察以及战略活动均呈现一种阶段化的模式（Mathews & Zander，2007）。

经典国际化理论强调渐进式改变海外市场承诺，其着眼点聚焦通过国际化经验性知识的积累，规避“外来者劣势”，降低国际化风险，提升国际化绩效。鉴于这种理解，国际商务领域的研究大多将时间维度视为隐含维度，主要聚焦于国际化动机、国际化模式以及国际化区位的相关静态研究（Eden，2009），而现实当中复杂、动态、多元的国际化进程却被人为简化，并没有真正地把企业海外市场区位选择、进入模式选择等国际化进程要素与时间维度内在结合在一起（Casillas & Moreno-Menéndez，2013）。国际化进程动态研究并未获得足够的理论关注。

在这一阶段，由于理论界大多认为国际化进程是连续的、渐进的，而不同的国际化程度应该代表企业国际化进程的不同阶段（Vernon，1966；Hu et al.，1992），因此学者们大多采用截面、静态的思维对国际化进程进行研究，用“国际化程度”的概念来衡量国际化进程的特征。在Sullivan（1994）发展出较为成熟的测量国际化程度的多维指标之后，学术界对国际化程度的研究更为丰富（Zahra et al.，2000；Dow & Karunaratna，2006）。在过去的近30年间，围绕国际化程度与绩效之间关系的相关研究大量涌现，但是，到目前为止，二者之间关系的实证分析结果仍然存在争议。尽管二者之间关系并非简单线性关系这一结论已经得到学术界的广泛共识，但是U型、S型、J型、倒J型，水平S型等非线性结果仍然混杂，至今无法得出一个确定的结论（Wagner，2004）。

事实上，部分企业确实可以通过提高或者降低国际化程度而使企业获得高额绩效，但是同样的国际化程度却并不能够使其他企业获利。究其根源，抛却相关情境因素的影响后，以往研究往往忽略了国际化程度的动态形成过程本身的复杂性对其绩效后果的影响（Vermeulen & Barkema，2002）。静态的国际化程度指标无法体现企业在范围、模式、时间等维度的动态发展过程。企业可能在较短时间内通过出口给制度距离较低的海外市场而获得了较高的国际化程度，也可能在较长时间内通过海外直接投资到制度距离较高的海外市场而获得了同样的国际化程度，如图2-1所示。企业国际化进程特征的差异化，会导致截然不同的国际化学习效果。基于组织学习理论的相关研究，企业之间的学习能力和吸收能力存在较大差异。因此，即使在某个时间截面企业之间具有相同的国际化程度，其速度、节奏等路径特征的差异也会造就迥异的国际化绩效（Jiang et al.，2014；Hutzschenreuter et al.，2014）。

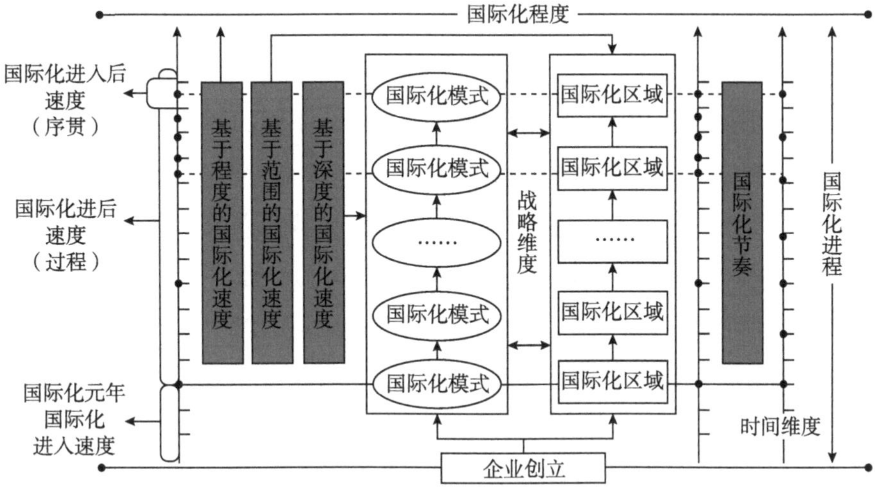

图 2-1 国际化程度的动态形成过程

经典国际化进程理论对传统跨国公司的国际化战略路径具有强大的解释力（Chang & Rhee，2011）。但是特定企业的真实国际化进程，并非依循一种分阶段式的严格序列，其国际化的具体路径反映了企业战略认知及其战略行动在不同阶段上的演变（Mathews & Zander，2007）。国际化进程并非都表现为渐进深化与持续前进的国际化行为模式序列，事实上，还存在着类似于“跳跃均衡”（punctuated equilibrium）式的国际化进程，即某一阶段的企业国际化进程高歌猛进，转而进入一段时期的“去国际化”（deinternationalization）阶段，国际化暂时性进入一种相对停滞的状态（Benito & Welch，1997）。近年来，新兴跨国公司迅速崛起，国际新创企业和天生国际化企业不断涌现，这些企业并未完全遵循经典国际化理论的渐进模式，而是采用了一种更为“激进”“跳跃”的国际化进程。在这样的背景下，伴随国际商务领域学者对国际化进程理论的再思考，“国际化速度”“国际化节奏”等国际化动态进程的相关概念才逐渐成为学术界的关注热点（Oviatt & McDougall，1994；Zahra & George，2002；Jones & Coviello，2005）。

二 国际化速度

企业国际化有其固有的动态本质，是“一系列国际化事件在一个动态发展过程中发生并展开的时间序列”（Jones & Coviello，2005），具体表现为企业随着时间推移而不断增加其海外市场参与以及国际化承诺的动态变化过程（Casillas & Moreno-Menéndez，2014）。任何一个国际化决策，其决策内容必然涉及模式、位置和时间三个层面，然而，传统“国际化阶段”理论却长期将“时间”处理成一个隐含维度作比较静态考察，并没有真正将国际化进程的动态、多元要素与时间维度内在地结合在一起（Chetty et al.，2014）。伴随着 20 世纪 90 年代中期国际创业研究的兴起和发展，作为刻画国际化进程特质的时间维度的重要变量，国际化速度逐渐成为国际化研究的最新热点之一（Chetty et al.，2014；Casillas & Moreno-Menendez，2014）。

（一）国际化速度的研究阶段：从初始进入速度到进入后速度

Oviatt 和 McDougall（1994）在其经典论文 *Toward a Theory of International New Ventures* 中对国际新创企业进行了界定，认为“国际新创企业”是指那些在企业创立不久后就在多个国家通过运用各种资源并销售产出来寻求竞争优势的企业组织。为了强调国际新创企业与传统企业的差异，国际新创企业的相关研究强调国际化进程的“时间”维度和“速度”特征，将国际化速度首次定义为“从企业创立到企业首次国际化，也即国际化元年的时间间隔”（Musteen et al.，2010；Ramos et al.，2011）。从企业创立到国际化元年的时间间隔越短，国际化速度越快；反之，则越慢。国际新创企业和天生国际化现象研究的兴起，引发了学术界对国际化进程中“时间维度”的广泛关注。但是，对这种现象的关注导致了“国际化速度”的大量相关研究仍然集中于企业国际化之前阶段的过程属性，其衡量的是国际化进程开始的“早晚”，而并非国际化进程本身的“快慢”（Morgan-Thomas & Jones，2009）。企业的早期扩张得益于知识、资本、网络等现有资源的存量。经过短暂的进入阶段，在国际新创企业通过快速进入多个海外市场以获得其利基市场的成长之后，其国际化进程所面临的问题与传统企业国际化进程并未存在本质性差异，但是企业国际化后的扩张速度（post-entry speed）“快慢”却并未获得理论界的广泛关注。

一般认为，首次系统性关注国际化进入后速度的研究出现在 Vermeulen & Barkema（2002）在 *Strategic Management Journal* 上发表的 *Pace, Rhythm and Scope: Process Dependence in Building a Profitable Multinational Corporation* 这篇文章。该文章透过一个长期视角来审视企业建立海外子公司与其获利情况之间的关系，实证结果表明，海外子公司的数量与企业绩效之间的关系在很大程度上取决于企业国际化的动态过程。由于“时间压缩不经济性”的存在以及企业相对有限的“吸收能力”，从国际化元年到观察期之间的海外扩张速度会负向调节海外子公司数与企业绩效之间的关系。在此基础上，Wagner（2004）以 83 家德国大型企业为样本进行了实证分析，提出国际化速度与绩效之间是一种倒“U”形关系。之后，很多学者开始逐渐将国际化进入后速度作为研究对象，但是均并未将国际化进入后速度（post-entry speed）与国际化初始进入速度（initial speed）明确区分开来，国际化速度的概念表述、指标测量均一度出现较为混乱的状态。

直到 2011 年，Prashantham 和 Young 才明确提出国际化进入后速度的概念，并将其定义为“国际新创企业首次国际化之后的国际化扩张速度的快慢”。虽然该文的研究对象仍然是国际新创企业，但首次提出了国际化进入后速度的概念，为国际化进入后速度的后续研究奠定了重要的理论基础。

（二）国际化速度的研究维度：从单维到多维

速度的概念来源于物理学，其本义为物体单位时间内的移动距离。也就是说“速度”的概念应该包含两个层面的变量：事件/变量的变动幅度以及时间本身的长短。国际化速度是企业序列式国际化进程的动态体现。最初的国际化速度研究中，无论是关注于国际化初始进入速度抑或国际化进入后速度，均关注于时间维度与国际化战略单一维度的结合，却并未将国际化战略决策的其他变量与之结合，仅仅将国际化速度视为单维的概念（Casillas & Acedo，2013；Chetty et al.，2014）。然而，国际化行为包括时机、位置、模式等多维度选择，这些维度的动态变化最终会形成企业的国际化程度、范围、模式等静态特征。“距离”可以是国际化决策各静态维度特征的变化量（Prashantham & Young，2011）。事实上，“国际化速度”的重要性恰恰体现在可以很好地将“时间”“模式”“深度”“范围”等几个最重要的国际化决策要素有机地融合在一起，有助于更深刻地刻画以及揭示国际化进程的动态、多元特征。因此，国际化速度是一个多维概念（王益民等，2017）。

首次比较明确地对国际化速度维度的划分出现于 Oviatt 和 McDougall（2005）的经典论文。文章对国际化速度划分为初始进入速度、国际化范围速度以及国际化承诺速度。但是文章的研究对象仍然是国际新创企业，在维度划分中并未将国际化初始进入速度与国际化进入后速度严格进行区分，理论界限较为含糊。

Prashantham 和 Young（2011）在 Oviatt 和 McDougall（2005）对国际新创企业国际化速度进行划分的基础上，从国际化市场知识和国际化技术知识两个层面将国际新创企业的国际化进入后速度划分为国际化范围速度和国际化承诺速度两个维度（Prashantham & Young，2011）。然后，Casillas & Acedo（2013）从速度的本义出发，基于“距离”和“时间”两个维度对国际化速度进行了划分。从“距离”角度，国际化速度应该包含基于国际化出口密度的速度（Speed of change in international commercial intensity）即海外销售比重的增长率；基于海外资产承诺的速度（Speed of change in the commitment of foreign resources），即海外资产比重、海外雇员比重以及海外机构数量的增长率；以及基于海外市场广度的速度（Speed of change in the breadth of international markets），即海外出口以及海外投资的国家数量共三个维度；从“时间”角度，文章从变化类型（连续、不连续）以及时间范围（长期、短期）两个维度对国际化速度进行了划分

(Casillas & Acedo, 2013), 如图 2-2 所示。Casillas 和 Acedo (2013) 将时间属性（短期与长期）与变化属性（断裂与连续）相叠加，实践操作性较强，进一步丰富了“国际化速度”的概念维度研究，为后来的实证研究提供了强有力的支撑。Hilmersson 和 Johanson (2017) 借鉴了这一划分维度，基于新进入者优势和时间压缩不经济性，探讨了三个维度的国际化速度对企业绩效的影响，对更好地理解国际化动态过程的不同侧面与绩效之间关系具有重要的学术意义 (Hilmersson & Johanson, 2017)。

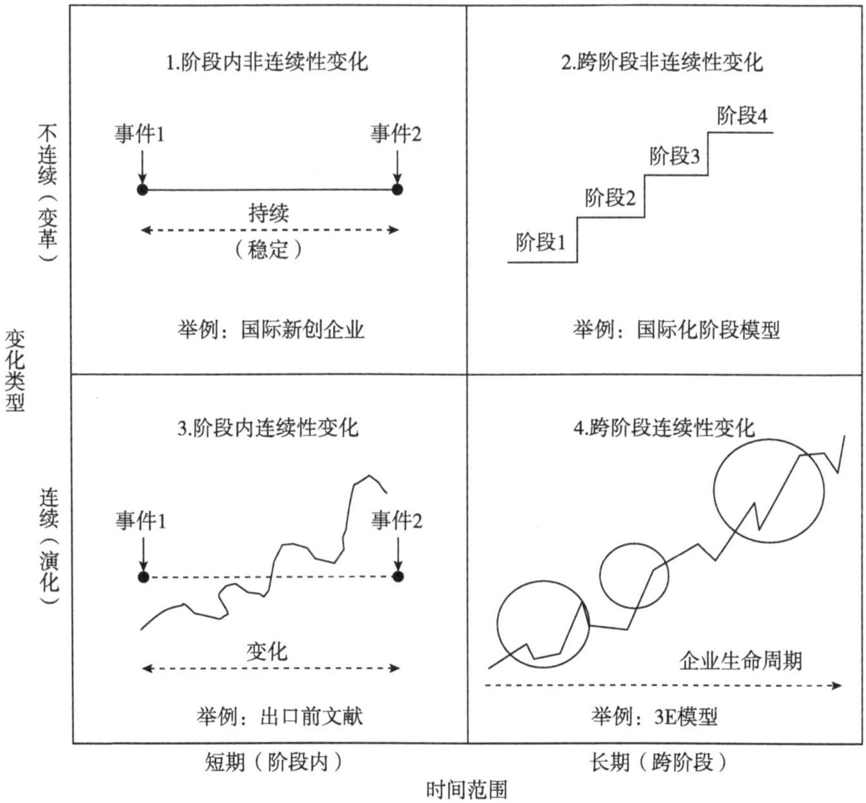

图 2-2 基于时间维度的国际化速度划分①

① Casillas J. C., Acedo F. J., “Speed in the Internationalization Process of the Firm.” *International Journal of Management Reviews*, Vol. 15, No. 1, 2013.

Chetty 等学者（2014）认为上述维度划分方法均未有严格的理论依据，因此其依据经典国际化进程模型，运用实证分析的方法将国际化速度降维为国际化学习速度（Speed of learning internationally）和国际化承诺速度（Speed of committing internationally）。而国际化学习速度又可以进一步划分为重复性国际化活动的学习速度（Speed of learning from repetition of international activities）和多样性国际化活动的学习速度（Speed of learning from diversity of international activities），深化了国际化速度维度划分的相关研究（Chetty et al.，2014）。

国际化速度是序列化国际化进程的动态体现。国际化决策包括时机（何时）、位置（何地）、模式（承诺）等多个选择，一系列选择的动态变化最终形成了企业的国际化程度、范围等静态特征。基于国际化战略的决策维度，笔者（2018）将其与时间维度相结合，构建了中国企业国际化速度的多维度模型，即由国际化资源承诺与时间维度相结合的“基于深度的国际化速度”、由国际化销售承诺与时间维度相结合的“基于程度的国际化速度”以及由国际化位置选择与时间维度相结合的“基于广度的国际化速度”，以期实现对中国企业国际化速度更全面地刻画和理解。理论界目前对国际化速度的维度划分类别如表 2-1 所示。

表 2-1　　　　国际化速度维度划分

代表文献	国际化速度的维度	速度属性
Oviatt and McDougall（2005）	国际化初始进入速度	全过程国际化速度
	基于国际化范围的速度	
	基于国际化承诺的速度	
Prashantham and Young（2011）	国际化范围速度	国际化进入后速度
	国际化承诺速度	
Casillas and Acedo（2013）	基于国际化出口密度的速度	国际化进入后速度
	基于海外资产承诺的速度	
	基于海外市场广度的速度	

续表

代表文献	国际化速度的维度	速度属性
Hilmersson and Johanson（2017）	短期连续性速度	全过程国际化速度
	长期连续性速度	
	短期断裂式速度	
	长期断裂式速度	
Chetty et al.,（2014）	重复性国际化活动的学习速度	国际化进入后速度
	多样性国际化活动的学习速度	
	国际化承诺速度	
方宏（2018）	基于深度的国际化速度	国际化进入后速度
	基于程度的国际化速度	
	基于广度的国际化速度	
丁振阔等（2023）	初始国际化速度	全过程国际化速度
	进入后国际化速度	

三　国际化节奏

作为刻画跨国公司国际化扩张进程的连贯性与规律性特征的重要概念，国际化节奏是继国际化速度之后的国际化进程研究中更加前沿的研究领域。国际化节奏是指“在一定时间窗口内跨国公司国际化进程的不规律性程度”，即一定时间窗口内企业国际化扩张数量一阶导数的峰度值，其衡量的是企业对外扩张进程的不规律性。即使不同企业在某一时间节点能够拥有同等数量的海外子公司，其扩张路径仍然可能呈现明显差异，如图 2-3 所示。

比如，A、B 两家企业最终所拥有的海外子公司数量相等，但其扩张模式可能是逐年规律性增加（如企业 A），或者短时大量扩张后转为停滞状态（如企业 B）。国际化节奏值越高，意味着企业海外扩张进程的不规律性和非连贯性越强；而国际化节奏值越低，则意味着企业海外扩张活动具有越高的规律性、稳定性和连贯性。

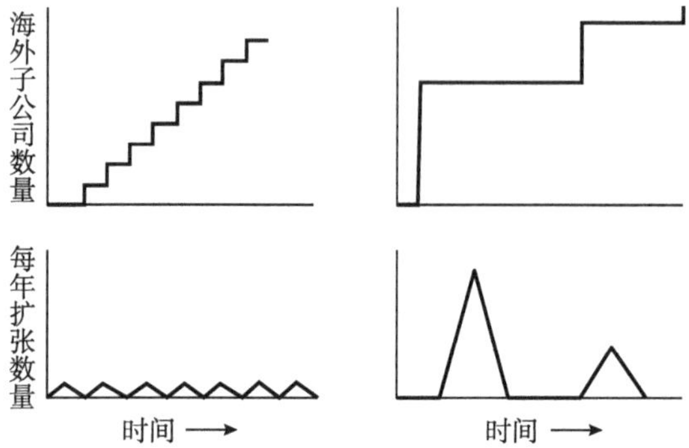

图 2-3　国际化节奏规律性①

从组织学习视角来看，国际化进程本质上是企业不断从国际化网络中积累经验，获取战略性资源和能力的过程（Deng & Yang，2015）。国际化节奏只是企业通过国际化扩张进行组织学习这一复杂动态过程本质特征的外在表征和反映（Elosge et al.，2018）。作为国际商务领域的前沿理论之一，国际化节奏相关研究已成为国内外学者的重点关注领域。但是由于国际化节奏研究出现的时间较晚，尽管部分学者已经提供了诸多极有价值的理论成果，但其研究系统性仍显不足，研究领域和视角较为分散。

为了对国际化节奏相关研究有更系统地掌握，为了全面了解国际化节奏相关研究，本书采用了"internationalization rhythm""internationalization process"等关键词，在 Web of Science 数据库中检索了 2000 年至 2023 年间发表的学术论文。检索范围限定在"business"和"management"两个学科领域。在对所有文献进行初步阅读并排除相关性较弱的文章后，本书共获得了 9 篇与国际化节奏研究主题最为相关的研究型论文。对这些文献进行了详细深入的阅读后，本书对涉及"国际化节奏"概念、研

① Vermeulen F.，Barkema H.，"Pace，Rhythm，and Scope：Process Dependence in Building a Profitable Multinational Corporation." *Strategic Management Journal*，Vol. 23，No. 7，2002.

究样本、研究模型和研究方法等方面的内容进行了综合整理。类似地，本书还在中国知网上使用了“国际化节奏”“国际化进程”等关键词对中文文献进行了检索，共获取了 15 篇国内相关文献。详细内容请见附录 1。

现有国际化节奏的中英文文献主要可以概括为两大类别：即关于国际化节奏的影响因素和国际化节奏的绩效影响，如图 2-4 所示。

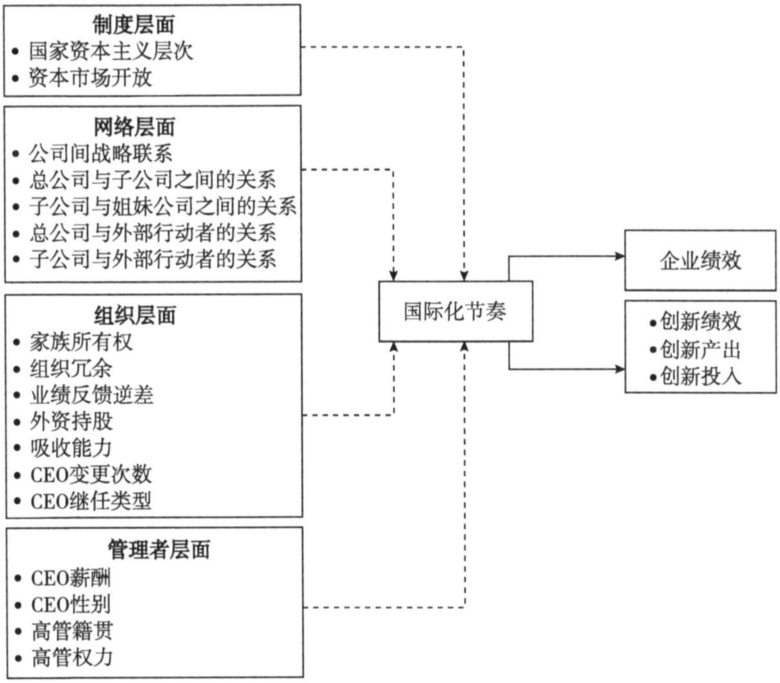

图 2-4　国际化节奏相关文献

（一）前因变量

从组织学习视角来看，国际化进程本质上是企业不断从国际化网络中积累经验，获取战略性资源和能力的过程（Deng & Yang，2015）。国际化节奏只是企业通过国际化扩张进行组织学习这一复杂动态过程本质特征的外在表征和反映（Elosge et al.，2018）。国际化节奏前因变量的研究，主要涉及制度、网络、组织和管理者四个层面。

1. 制度层面

母国与东道国制度是商业、治理和创新行为的核心组成部分，可以通过塑造管理认知和影响战略资源的获取从而对国际化战略产生影响（Cuervo-Cazurra，2011）。Chen（2016）通过2009—2015年225家中国国际化建筑企业的样本数据，构建了国家资本主义水平对新兴跨国公司国有企业国际化进程的影响机制模型。结果证明，国有企业的性质取决于它们所隶属的政府级别。国家资本主义层次对国有企业国际化节奏有正向影响，而国家资本主义层次与国际化速度之间没有显著关系。而代彬和邓楠（2022）以中国A股上市公司为样本，实证检验了资本市场开放对国际化战略的影响机制。资本市场开放通过改善信息环境或者缓解融资约束对国际化范围、速度、节奏产生正向影响。资本市场的进一步开放，有助于金融体系在实体经济发展过程中起到更好的服务和支持作用。

2. 网络层面

近年来，新兴经济体跨国公司空前激增，并以"快速""跳跃"的典型模式向海外市场扩张。有研究显示，战略联盟、合资企业和合作协议等网络关系是新兴跨国公司进入新市场并迅速赶上先行者的重要因素（Ernst，2000；Hobday，1997；Li，1994，2007；Mathews，2002）。利用与其他跨国公司的伙伴关系、联盟和各种联系，同时克服伙伴/目标公司所在国的外来者劣势，并获得新的资源和能力，从而推动和促进了新兴跨国公司的国际化进程（Satta et al.，2014）。对于发达跨国公司而言，网络知识转移同样是促进国际化进程的重要因素。国际化活动是对市场、组织、技术知识等要素不断进行并购或重组的过程（Johanson & Vahlne，2009；Eriksson et al.，1997；Blomkvist et al.，2010）。网络在获取或重新组合这些类型的知识时起到了举足轻重的作用（Holm et al.，1995）。公司内部关系（总公司、子公司、姐妹子公司）与公司间关系（总公司、子公司以及外部行为者）会对市场、制度、技术知识产生影响，而市场和制度知识兼具会导致国际化节奏不连续性增强，市场和技术知识则导致国际化节奏更具规律性（Barbosa et al.，2014）。

3. 组织层面

Lin（2014）年是从组织视角探讨国际化节奏前置文献的开创性文献。基于台湾的772家上市公司2000—2008年共9年的纵贯数据库，文章探讨了组织冗余和业绩反馈对国际化速度、范围和节奏的影响。结果表明，组织冗余为管理者提供资源和心理支持，管理者会更倾向于风险性较高的国际化扩张模式，因此对国际化速度、范围、节奏均有显著的正向影响；而业绩逆差的出现会让管理者认为历史战略是失败的。业绩逆差越大，国际化战略选择会更具风险性。作为资源保证，组织冗余会加剧业绩反馈与风险性战略选择之间的关系。这篇文章系统地从组织行为视角对国际化战略进行了阐释，对国际化战略研究和组织行为理论做了有益补充。

部分学者对国际化扩张背后的治理问题产生兴趣。鉴于所有者在价值观、动机方面存在的差异，所有权类型会对国际化决策产生直接影响（George et al.，2005）。外资股东能够帮助企业快速获取国际法律法规、商业惯例以及区域知识，有效识别国际运营中的风险源，帮助企业与国际市场构建联系，与东道国相关利益者快速构建非正式关系，从而更为快速地克服进入壁垒，表现出更为激进的国际化扩张模式（Bhaumik et al.，2010；Chittoor et al.，2015）。基于中国上市公司数据，钟熙等（2021）认为外资持股对国际化速度和国际化节奏的不规律性均具有显著正向影响，但对国际化范围无显著影响，而业绩期望落差和分析预测落差会对这一作用机制产生显著影响。除此之外，由于家庭具有强烈的个人依恋、承诺，而家族企业中企业与家族利益具有一致性，因此家族企业倾向于用更长的时间范围来促进业务增长，为后代创造机会。家族所有权水平较高的情况下，企业会用更加激进的方式开展国际化活动（Lin，2012）。

结合代理理论、制度理论和高阶梯队理论，Elosgea 等（2017）基于1990—2012 年 102 家德国公司的实证数据，从 CEO 变更次数和继任类型（内部和外部继任）视角再次证明公司内部治理因素对国际化程度和国际化节奏等进程特征的影响（Elosgea et al.，2017）。

4. 管理者层面

作为国际化战略的制定者和负责人，高层管理者在制定国际战略方面发挥着重要作用。权力、薪酬、籍贯、性别等诸多因素均能对国际化进程特征产生影响。

王艺霖和王益民（2016）是国内首篇基于权力视角对国际化动态过程进行研究的学术论文。论文立足于中国企业的特殊性，以 2008—2013 年中国制造业上市公司为主要样本，对企业高管权力与国际化节奏之间的关系进行了探讨。研究结果表明，权力会增加高管风险承担倾向，从而导致不连贯、不规律的国际化节奏特征。良好的国际化绩效或者充足的组织冗余，均会对这一正向关系产生强化作用（王艺霖和王益民，2016）。

CEO 薪酬水平以及 CEO 与高层管理团队之间的差距对企业国际化节奏的规律性程度有重要影响。丰厚的薪酬可以吸引和留住优秀的个人，而优秀的高层管理者又可以反过来对战略目标的实现产生重大影响（Phillips & Fox，2003），从而选择比较规律和稳定的海外扩张模式。CEO 与高层管理团队薪酬差距对企业国际化的节奏存在“U”形曲线效应（Lin & Chen，2013）。除此之外，林川和高福霞（2021）基于 2010—2018 年国有企业数据，发现相较于没有聘用外籍高管的国有企业来说，聘用外籍高管会促进国有企业国际化速度更快、节奏更具有规律性（林川和高福霞，2021）。尽管 CEO 性别差异研究在国际商务领域有所突破，却并未在国际化进程研究中得到充分重视。方宏、王益民（2021）基于管理者认知视角，认为女性 CEO 倾向于采取更加稳健、更具规律性的国际化扩张节奏，而受教育程度和高层管理团队任务导向断裂带强度会改变女性

CEO 对国际化节奏的倾向。文章通过研究女性 CEO 与中国企业国际化进程的关系，揭示了中国企业国际化战略异质性的底层逻辑。

尽管诸多学者尝试从管理者层面对国际化节奏的影响因素进行研究，但迄今为止结论并未实现统一。Hamka（2016）认为 CEO 任期对国际化速度和范围的负面影响微弱但显著，而 CEO 年龄、薪酬对国际化节奏的影响并不显著。前期实证研究结果之所以存在偏差，除了测度方式的差异以及宏观层面、组织层面等边界条件不同之外，可能源于高层管理者战略决策具有高度复杂性特征（徐高彦等，2020）。CEO 倾向于基于个体认知对组织情境做出高度个性化的诠释，并据此进行战略选择。需要从外在特征回到管理者认知本身，重新审视战略决策的底层逻辑（Helfat & Peteraf，2015）。

（二）结果变量

企业能够从所拥有的海外子公司中获利多少取决于其国际化进程特征。国际化进程中“外来者劣势”的存在，使得企业需要面对的外部环境与内部组织复杂性均显著增加。在吸收能力有限以及存在过程“时间压缩不经济性”的前提下，国际化扩张规律性很强的跨国公司，将拥有足够的时间和精力进行信息搜寻以及组织适应，能够更好地解释和吸收前期经验，实现国际化进程中较为充分的组织学习并最终形成有价值的国际化经验，充分利用但不会过度扩张其吸收能力。用规律性较高的节奏进行扩张，公司能够更好地实施和吸收变化，其知识经验甚至可能达到“流动”的状态（Jiang et al.，2014）。然而，如果跨国公司的国际化扩张不规律性很强，即多年的快速扩张与长时间的停滞交替进行的话，在快速扩张的高峰阶段，跨国公司的信息量极有可能超载，在吸收能力相对有限的情况下，企业将更加难以解码、消化、吸收扩张带来的种种知识，更无法将其转化提升；同时，由于“外来者劣势”的影响，快速扩张会显著提高新兴跨国公司外部环境及内部组织的复杂性程度，从而降低企业绩效（张振刚等，2022）。Lin 等（2020）将研究对象扩展到企业集团，认为某个时期国际化节奏不规律性程度越高，企业集团越不可能在下个周期获得较高的业绩增长率（Lin，2020）。

跨国公司的任何一次扩张都需要进行结构、系统以及流程等调整以适应东道国环境。快速扩张意味着企业将面临大量的内部结构调整。国际化节奏高度不规律性将导致企业难以对先前扩张进行及时解释和评估，系统结构与海外子公司兼容难度增加，而跨国公司内部知识转移却需要相当长的时间。在这样的状态下，时间压缩不经济性将更快出现。同样，在长期停滞阶段，企业更可能因为知识库在较长时间内的停滞状态而将组织系统、结构、文化、心智模型锁定在前期水平，吸收能力会受到负向影响。即使拥有同样的国际化区域知识，时间压缩不经济性将提前出现，组织学习的效率大幅度降低。具备高度不规律性的国际化快速扩张将导致本土企业在难以解码、消化、吸收之前海外扩张经验知识的基础上仓促进行下一次海外扩张，从而造成国际经营风险不可预测的增长（Wang et al.，2012），创新绩效随之下降。张振刚等（2021）将创新绩效分为创新投入和创新产出两个维度，从吸收能力的时间压缩不经济性与跨国知识转移视角出发，认为不规律的国际化节奏会对创新投入产生正向影响，但是对创新产出却会产生负向影响；组织冗余资源和行业竞争程度是这一影响机制的重要边界条件（张振刚等，2021）。

也有部分学者认为，动态环境下的战略灵活性同样重要（Shi & Prescott，2012）。由于企业资源、能力以及外部环境的非恒定性，过于规律的国际化扩张节奏可能导致企业维持一种较高程度的战略惯性，从而丧失对外部环境的敏感性和决策灵活性，最终影响企业的长期回报（Lin，2012）。国际化扩张节奏如何在稳定性和灵活性间保持均衡是关乎跨国公司绩效的重要问题。

第二节　管理者认知理论

管理者认知（managerial cognition），是指管理者在理解环境变化、进行信息处理及制定管理决策时所使用的一组知识结构（Walsh，1995），这组知识结构伴随企业运营过程而逐渐形成，并且受到管理者以往经验以及对特定事物理解的影响（Narayanan et al.，2011）。管理者认知研究起源于卡内基学派所提出的行为决策理论和有限理性概念（Cyert & March，1963），即决策者是在其认知限度内进行理性思考和决策（March & Simon，1958）。因此，管理者在面临环境刺激并做出反应时的认知逻辑和解释活动成为管理学领域研究焦点之一（Helfat & Peteraf，2015）。

目前理论界对于管理者认知有静态和动态两种不同的理解（Narayanan et al.，2011）。Narayanan 等（2011）在以往研究的基础上构建了管理者认知理论在战略管理领域的整体框架，对战略认知的前因（环境因素、组织因素、个人因素、决策相关因素）、结构（组织认同、战略框架、组织惯例）、过程（战略制定、战略实施、组织学习、战略变革）以及产出（流程产出、战略行动、经济产出）进行了系统阐述，如图 2-5 所示。

管理者认知的静态视角的研究重心是管理者认知结构。认知结构是“自上而下”（top-down）型信息处理方式的核心，指的是决策者建立在过去经验基础上对信息环境、战略、业务组合等信息所形成的心智模式或者认知模板（Porac & Thomas，2002）。认知结构一旦形成，具有相对稳定性和情境依赖性（尚航标等，2012），是管理者理解环境变化、做出战略选择的主要方式，是管理者认知静态特征的体现（Narayanan et al.，2011）。

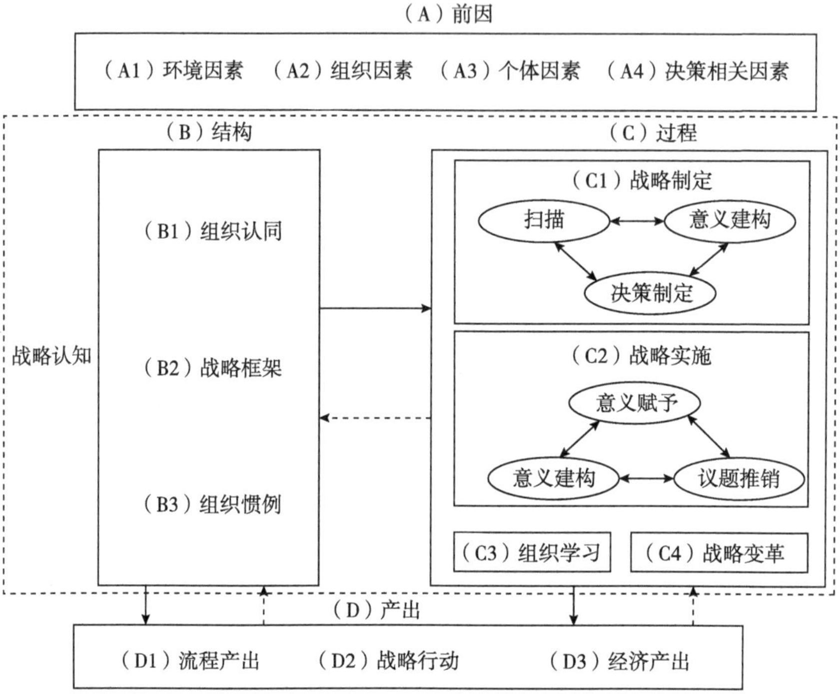

图 2-5 战略认知的整合框架①

管理者认知的动态视角的研究重心是管理者认知过程。由信息本身所驱动的认知过程是“自下而上”（bottom-up）型信息处理方式的体现。管理者在处理信息的过程中被动接受信息刺激而对其知识结构进行持续更新（Dutton et al.，1983）。由于信息处理能力的有限性以及注意力资源的稀缺性，决策者会选择性关注部分信息，透过早期经验所产生的认知滤镜调整其对信息的注意、编码和解释，并最终选择回应方式（Ocasio，1997）。认知过程反映了管理者认知的动态特征。

管理者认知是从认知结构和过程的视角对战略选择进行解释，从而进一步探讨企业竞争优势来源，其侧重于分析在战略制定和实施的过程中，

① Narayanan V. K.，Zane L. J. and Kemmerer B.，“The Cognitive Perspective in Strategy：An Integrative Review.” *Journal of Management*，Vol. 37，No. 1，2011.

认知结构和认知过程对战略决策过程的影响（Porac & Thomas，2002）。随着对战略决策微观基础研究的关注，认知日益成为战略管理理论建构和实证研究的核心领域（Levinthal，2011；Maitland & Sammartino，2015）。

一　静态视角

（一）认知结构视角

组织环境复杂且不确定性很强，管理者可能出现严重的信息过载现象（Kaplan，2011）。受限于管理者认知结构的约束，管理者难以完全处理并理解环境信息（Proudfoot & Kay，2014），只能依赖认知结构对环境信息进行过滤和简化（Simon，1991）。通过将一个复杂环境变成一种可理解的形式，管理者认知能够直接影响其注意力焦点、信息编码、记忆和解释。鉴于认知结构和认知能力的差异化，管理者对环境信息的感知、关注、筛选及处理将出现显著差异，进而导致企业决策的异质性（Finkelstein et al.，2009；苏超等，2016）。

Walsh（1995）根据以往的研究成果，总结归纳了管理者认知（知识结构）的内容和结构，并从个体、群体、组织三个层面探讨了管理者认知的表现、使用和发展，如图 2-6 所示。认知结构是个体施加于信息环境之上，赋予其形式和意义的心理模板。认知结构能够通过信息过滤和评估来加速问题的解决，但同时也会对个体解释和理解信息的能力产生制约，从而导致惯性思维和非理性行为（Gavetti，2012）。

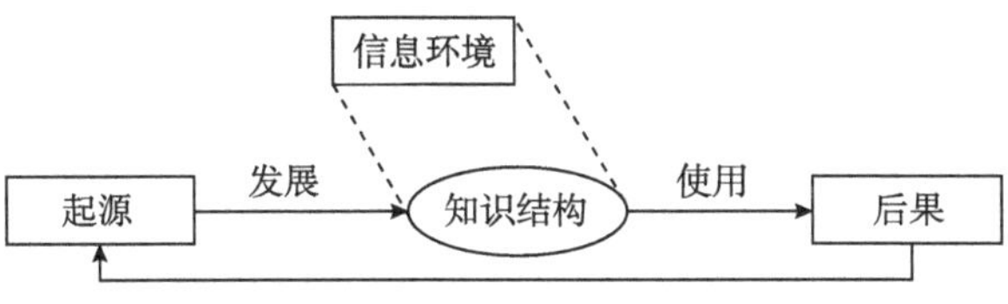

图 2-6　管理者认知的系统框架①

① Walsh J. P.，“Managerial and Organizational Cognition：Notes from a Trip Down Memory Lane.” *Organization science*，Vol. 6，No. 3，1995.

认知结构是相对稳定的特征和重复的行为模式。在认知结构中，组织认同是社会建构的，指的是组织成员对组织的核心和稳定特征的集体认知，是将企业与其他组织进行区分的重要机制（Kogut & Zander，1996）。战略框架（strategic frame）是指为战略决策提供信息的知识结构，是决策者通过赋予信息形式和意义而强加给信息环境的认知模板（Nisbett & Ross，1980；Walsh，1995），充当了管理者进行战略选择的信息过滤器（Huff，1982）。而战略惯例则是组织成员的重复行为模式，能够简化信息处理从而提高决策速度，但也有可能出现决策偏差（Bromiley，2005）。鉴于管理者的人口统计特征和行为特点是管理者认知的外在表征，因此在现有关于认知结构的研究中大多将其作为组织战略选择背后的管理认知的代理变量来处理认知问题（Powell et al.，2011）。

（二）认知偏差视角

早期关于战略决策的经典理论大多将决策制定者认为是“完全理性”的，完全理性的决策者可以识别所有可行的解决方案，并且了解其效用函数和分布概率，还可以通过计算各方案的期望效用并选取其最大值来获得最优方案（Von Neumann & Morgenstern，1944；Savage，1954；Pratt et al.，1965；Schlaifer，1959）。随后，有很多学者通过实验方法发现个体行为并不完全遵循绝对理性（Kahneman et al.，1982）。大量心理学研究结果发现，有限理性认为决策是建立在认知限度内的理性考虑（Cyert & March，1963；March & Simon，1958）。由于组织环境复杂且不确定性较强，决策者难以实现对环境完全理解和准确预测，因此往往依赖于对环境进行过滤和简化后认知进行决策（Simon，1991）。认知表征伴随管理者的知识结构出现，能够影响他们的注意力、编码、记忆、解释（Walsh，1995）。即使通过知识结构可以把复杂环境变成可理解的形式，但这些知识结构本身也可能出现偏差，并误导管理者做出错误决策（Kahneman & Tversky，1979；Tversky & Kahneman，1974）。在这样的背景下，认知偏差成为管理者认知静态维度研究的关注领域之一（Baker &

Wurgler，2013）。

行为金融理论尤其是过度自信理论的发展，为深入探讨战略决策的认知逻辑提供了一个独特而又有价值的视角。认知心理学认为人对自身知识的准确性往往存在过度自信的心理。过度自信（over-confidence）被定义为由于个体对自身知识准确性估计过高（Gervaris et al.，2002），从而导致个体决策时对某类事件出现概率的过高估计（Mahajon，1992）。实际上，过度自信反映出个体过高的自我评价倾向，本质上是一种典型的认知偏差（陈伟宏等，2021）。

过度自信在高层管理者中普遍存在（Ferris et al.，2013）。在决策过程中，管理者过度自信主要存在三种表现：一是对自己的能力存在过高估计，主要表现在认为自身具备全面的知识和技能，从而能够更有效地掌控局面（Weinstein，1980）；二是过高估计自身知识、管理技能以及掌控大局能力，产生较强的自我效能感和控制幻觉（Malmendier & Tate，2005）；三是过高估计私人信息产生信号的准确度（Malmendier & Tate，2015）。过度自信的管理者会对决策潜在收益以及盈利的可能性给予过高评价，却对可能出现的决策风险以及客观条件约束产生无意识的忽略（姜付秀等，2009），从而对战略决策及结果发挥着重要影响（余明桂等，2006；Malmendier & Tate，2015；陈镌彦和陈伟宏，2021）。

二　动态视角

认知过程是指决策者对客观环境进行认知的信息加工过程（Dutton et al.，1983）。对于战略制定过程来说，认知通过“扫描—解释—决策行为”（Scanning—Interpretion—Action）的模式影响战略选择。鉴于信息处理能力的有限性，决策者会选择性关注与决策相关的部分信息，并对所关注信息进行解释，并为其赋予一定的意义。最后，决策者将基于为信息所赋予的意义进行决策（Ocasio，1997）。在这个过程中，战略框架能够影响环境扫描和意义建构，同时扫描和意义建构对战略框架的形成和更新也起到重要作用（Gavetti & Levinthal，2000）。与战略制定不同，认知对战略实施的影响机制主要体现在“意义赋予—意义建构—议题推销”的过程之中。高层管理者为战略选择赋予意义并进行积极解释，中层管理者在战略框架中构建方案并对其进行推销，从而影响战略实施（Dutton et al.，2001；Narayanan et al.，2011）。

“企业注意力基础观”是阐释认知过程对战略决策影响的核心理论（吴建祖等，2009）。该理论认为决策者所能理解和处理问题的能力有限，而企业面临环境中信息数量和复杂程度远超这一能力局限，因此在面临具体管理决策时，管理者需要对信息进行取舍（Ocasio，1997）。决策者将自己的时间和精力用来关注、编码、解释并聚焦于组织的议题和答案两个方面。其中议题是指基于对环境的认识组织认为其需要决策的问题，答案则是指包括惯例、计划、流程、建议等各种备选行动集合，如图 2-7 所示。

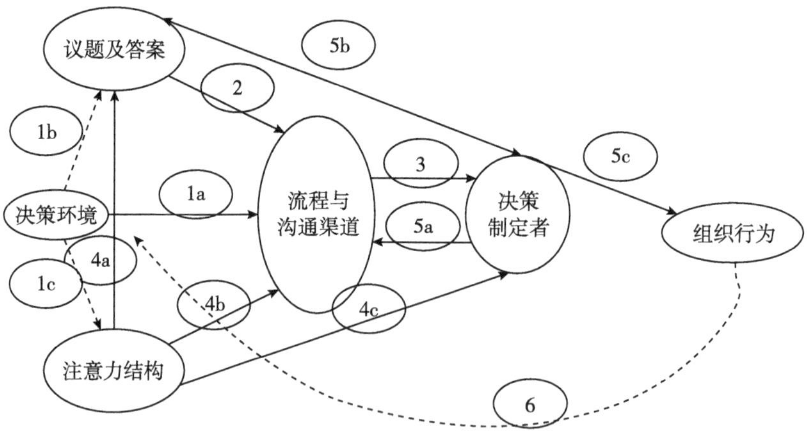

图 2-7　情境化的注意力与组织行为①

① Ocasio W.，“Towards an Attention-Based View of the Firm.” *Strategic Management Journal*, Vol. 18, No. S1, 1997.

其中，图中的5b与5c代表的是注意力聚焦原则，5b是指决策者注意力聚焦于有限的议题及答案，5c是指决策制定者所聚焦的议题及答案会最终决定组织行为。1a、2、3、5a代表的是情境化注意力原则，即决策制定者的注意力配置受到组织情境的影响，主要包括：1a是指决策环境对决策制定者的刺激；2是指议题及答案在文化符号、语言信息、人工产物中的象征性；5a是指流程、渠道参与者之间的交流；3代表的是组织流程及沟通渠道相互作用的情境和特征，塑造了议题及答案列表的可得性和重要性。图中4a、4b、4c代表的是注意力的结构化配置原则。所谓的注意力结构是指组织规则、参与者、结构性位置以及资源，即议题、答案以及决策制定者在不同渠道中的配置取决于组织注意力结构如何根据价值来为议题及答案的重要性和相关性排序（4a）、注意力结构怎样将决策制定者配置到某一个具体的沟通渠道和流程之中（4b），以及为决策制定者提供一种结构化的利益和身份，从而塑造出他们对情境的理解以及行动的动机（4c）。

注意力基础观将个体层面、组织层面与环境层面的因素相衔接，形成从认知结构视角探讨战略管理问题的重要研究视角。Cho和Hambrick（2006）认为管制放松引起了管理者注意力的提升，而注意力在高管变动以及战略变动之间起到部分中介作用。Nadkarni和Barr（2008）认为组织所处产业变动会对管理者注意力造成显著影响，而管理者注意力对基于组织环境变动所进行的战略调整速度具有显著影响，为基于认知结构视角构建全面完整的战略管理框架做出了非常有价值的理论探讨。

近年来，注意力基础观在跨国研究中的应用逐渐丰富。Levy认为当高层管理者把注意力更多地聚焦于外部环境并关注于环境中复杂多元因素时，企业更有可能发展出一种更具广阔视野的国际化战略姿态；与之相反，当高层管理者把注意力更多地聚焦于内部环境时，企业战略姿态的全球化程度就会比较低（Levy，2005）。Bouquet等认为国际注意力能够促进跨国公司绩效（Bouquet et al.，2009）。董临萍和宋渊洋（2017）

同样认为高管团队对国际化的注意力程度越高，国际化绩效越好；而高管权力与自由度对二者关系起到显著的调节作用。

吴建祖和毕玉胜（2013）基于高阶梯队理论和注意力基础观双重视角，提出高管团队注意力内容会对国际化扩张模式产生显著影响。当高管团队的注意力聚焦于品牌自主建设以及技术自主研发时，企业倾向于选择自然扩张模式。当高管团队将注意力配置于海外自然资源时，企业会更加倾向于采取绿地投资模式，而当高管团队将注意力配置在海外战略性资产时，企业会更加倾向于实施跨国并购。

认知过程对国际化战略具有显著影响，但现有研究大多集中于从认知过程视角对国际化静态特征进行解释。国际化动态特征是国际化绩效的关键决定因素。关注国际化进程特征背后的认知过程特征具有极为重要的理论及实践意义。

第三节　结论与讨论

本章首先对新兴跨国公司国际化进程理论的理论脉络进行了系统回顾，并对国际化进程理论中两个关键变量——国际化速度和国际化节奏等理论从研究对象、研究内容、研究维度、研究方向等角度进行了分析和论述。接下来对管理者认知理论进行了系统梳理，并从静态和动态两个视角对认知结构、认知偏差、认知过程等理论视角的发展也进行了系统梳理和详细阐述。

相对于国际化进程的其他方面，国际化进程的动态维度长期以来被传统国际化理论所忽略。从以往文献来看，现有文献大多基于资源理论、创新理论、网络理论以及制度理论等对“国际新创企业”以及“快速国际化”等现象进行理论解释，但是即使在同样的资源、产业、网络或者制度下，不同企业仍然可能存在截然不同的国际化模式。追其究竟，战略的差异与其说是取决于外部环境，不如说取决于管理者和管理团队对外部环境的认知。国际化战略模式的微观基础——管理者以及管理团队认知及行为的相关研究就显得尤为必要。但是纵观以往研究，基于管理者认知视角的相关研究极少，而且大多缺乏理论系统性，因此理论解释完整性较为欠缺。

新兴跨国公司展现出与西方跨国公司截然不同的国际化进程特征，研究新兴经济体跨国公司国际化进程背后的高管及团队认知影响极具理论探讨意义。基于此，本书将以中国企业为样本，从认知结构、认知偏差等静态认知视角和认知过程等动态认知视角系统探讨新兴经济体跨国公司高层管理者及其团队认知对不同维度的国际化进程特征的影响，具有较高的理论价值和实践意义。

第三章　新兴跨国公司国际化现状与特征分析

新兴跨国公司国际化行为是指母国为新兴市场国家的跨国公司在其他国家或者区域进行的对外直接投资活动。逆全球化举措频发，新冠肺炎疫情骤然暴发，使得新兴跨国公司发展环境发生突变，投资环境急转恶化。如何在全球范围内合理布局成为新兴跨国公司现阶段面临的重大问题。本章将对以中国为代表的新兴跨国公司的国际化行为特征进行全方位梳理与分析，以期对其国际化扩张的动态过程进行更加真实和清晰的展现。

第一节　新兴跨国公司对外直接投资现状与特点

随着全球经济一体化进程和国际市场竞争格局的形成，在全球范围内寻求市场、资源、技术以及利润成为企业的必然选择。过去的二十余年中，以中国为代表的新兴跨国公司国际化进程获得了突破性进展，全球投资影响力持续上升。新兴跨国公司国际化行为大多带有“战略资产寻求”与“利润机会寻求”的显著特点，其动态进程呈现出与发达国家跨国公司截然不同的特征。

一 全球投资环境动荡加剧，新兴跨国公司对外直接投资流出量连续三年下滑

近年来，在地缘政治风险加大、单边主义和贸易保护主义抬头等国际背景下，全球经济运行遭遇严峻挑战，世界经济的复苏进程依然脆弱。随着新冠肺炎疫情全球蔓延和常态化防控措施的进一步推进，全球投资环境更是表现出前所未有的复杂性。根据联合国贸易和发展会议发布的《世界投资报告》数据显示，全球对外直接投资自 2017 年开始呈下降趋势，2020 年全球外国直接投资流入量呈断崖式下跌，从 2019 年的 1.5 万亿美元锐减至 1 万亿美元，同比下降 35%，创 2005 年以来全球外国直接投资流入量的历史最低水平。而据联合国贸易和发展会议最新发布的《投资趋势监测》报告显示，2021 年，全球对外直接投资总额强劲反弹至 1.65 万亿美元，同比增长 77%，且已经超过疫情前水平。全球投资活动不确定性进一步提升，整体态势呈现明显动荡，如图 3-1 所示。

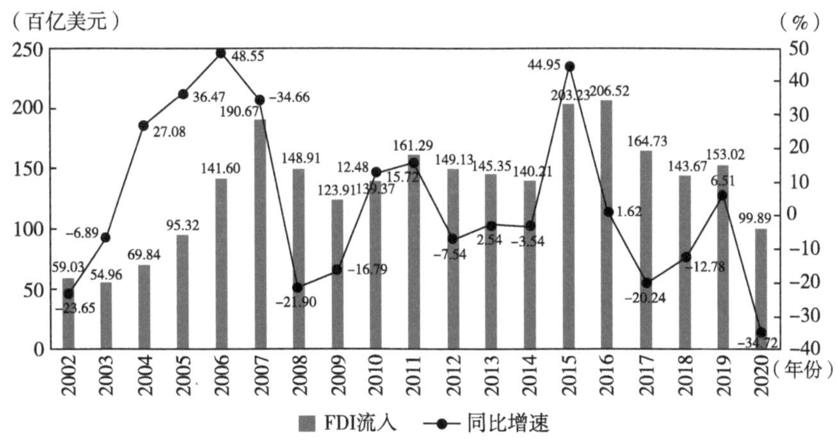

图 3-1 2002—2020 年全球外国直接投资流入量与同比增速

资料来源：根据 UNCTAD：*World Investment Report*，2021 资料整理而得。

近 20 年来，尤其是 2008 年金融危机以来，以中国、印度、巴西、南

非等“金砖”国家为代表的新兴市场国家以前所未有的发展态势登上国际竞争舞台，在全球经济体系中的重要性日益凸显。据联合国贸发会议发布的《世界投资报告》数据显示，来自以巴西、俄罗斯、印度、中国和南非为代表的新兴经济体的外国直接投资存量在过去十年几乎翻了两番，从2007年的5648亿美元增加到2016年的2万亿美元。对外直接投资流出量在2014年达到创纪录的5222亿美元。金融危机的爆发成为新兴经济体对外直接投资流出的转折点，新兴跨国公司走上国际化扩张的快车道。

但是，与全球外国直接投资相类似，新兴经济体对外直接投资流量金额从2017年开始连续三年出现明显下滑，从2017年的5162亿美元降低到2020年3948亿美元，下降幅度为23.52%，如图3-2所示。2017年以来，全球投资保护主义影响明显，欧美发达国家以国家安全、

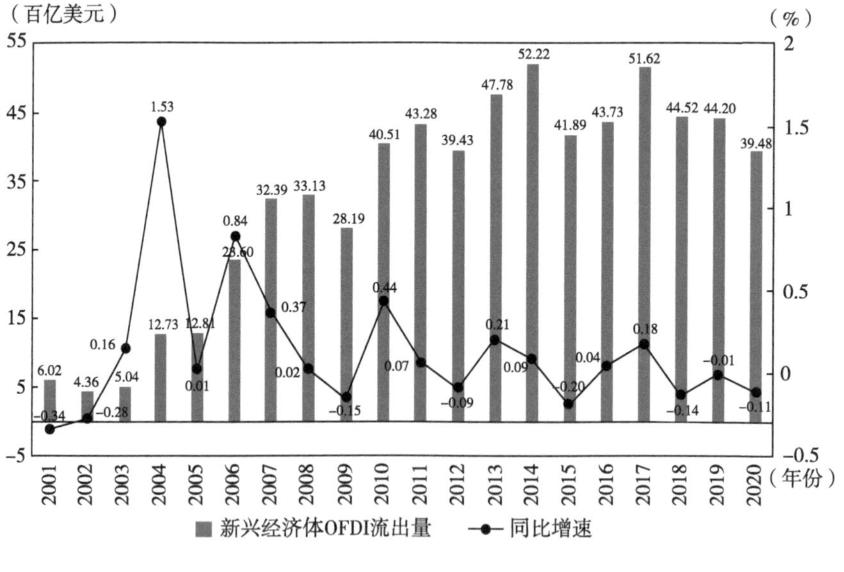

图3-2　2001—2020年全球与新兴经济体对外直接投资流量同比增速

资料来源：根据UNCTAD：*World Investment Report*，2021资料整理而得。

敏感行业等理由进一步加强对新兴经济体对外直接投资的审查，导致大量跨国并购最终放弃。美国的《外国投资风险评估现代化法案》《英国外商投资审查新规》《国家安全和投资白皮书》等政策的出台，体现出各国对外资态度更加谨慎。2018 年，全球促进投资自由化与便利化的相关政策出台数量出现大幅度下降，而限制性政策出台数量却高达 31 项，创 2011 年以来新高。发达经济体跨国公司海外留存利润回流、中美贸易摩擦以及全球投资保护主义抬头等因素是新兴经济体对外直接投资连年下降的重要原因。全球投资环境明显动荡，跨国经营不确定性增强，管理者对国际投资决策更为审慎。

二　亚洲成为新兴经济体中对外直接投资的关键力量

从对外直接投资流入量来看，金融危机后的十几年中，全球对外直接投资对新兴经济体始终保持 6000 亿美元以上的流入金额。根据联合国贸易和发展会议（UNCTAD）的数据显示，2016 年至 2019 年间新兴经济体对外直接投资流入金额整体呈稳步上升趋势，2019 年实现对外直接投资金额 7135 亿美元，同比增长 5.86%，达到历史最高值。2020 年疫情的暴发，导致新兴经济体对外直接投资流入量降至 6310 亿美元，同比下降 11.56%，成为 2010 年以来的最低水平。

在新兴经济体各区域中，亚洲的对外直接投资流入量始终保持首位，成为新兴经济体中最大的对外直接投资流入区域，如图 3-3 所示。2016 年至 2020 年间对外直接投资流入金额始终保持 4000 亿美元以上。即使在疫情肆虐的 2020 年，亚洲新兴经济体国家的对外直接投资流入金额仍增长至 4993 亿美元，实现 5.14%的同比增长。研究显示，经济增长潜力越高的区域越有利于吸引对外直接投资流入（田素华和王璇，2017），近五年来的数据表明全球外国直接投资非常看好亚洲新兴经济体的经济增长潜力。

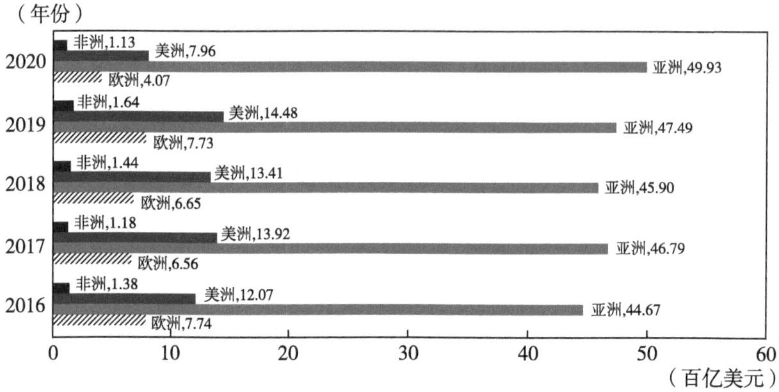

图 3-3　2016—2020 年新兴经济体各区域对外直接投资流入量

资料来源：根据 UNCTAD：*World Investment Report*，2021 资料整理而得。

从对外直接投资流出数据来看，发达经济体一直是全球对外直接投资的主要来源区域，但是自 2016 年开始，发达经济体对外直接投资流出量连续三年呈现负增长。2020 年，发达经济体对外直接投资流出金额降到 3539 亿美元，较 2019 年下降 55.97%。而新兴经济体的对外直接投资流出量实现稳步增长，2020 年实现对外直接投资流出金额 3948 亿美元，首次超越发达经济体成为最重要的海外投资输出区域之一，如图 3-4 所示。新兴经济体曾经是发达经济体跨国公司投资、盈利的热点区域，但如今正日益成为美欧对外投资的强大竞争者。

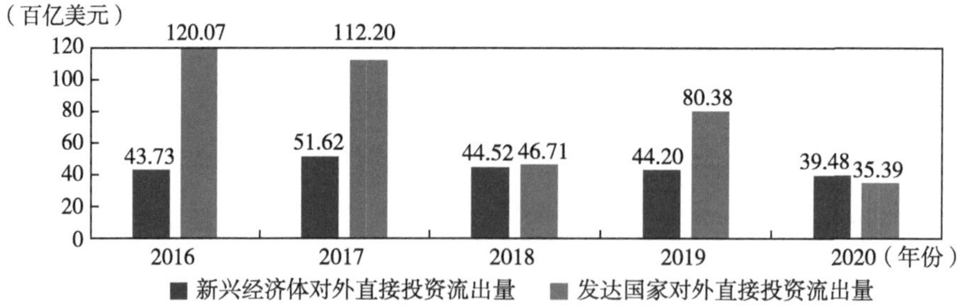

图 3-4　2016—2020 年发达经济体与新兴经济体对外直接投资流出量

资料来源：根据 UNCTAD：*World Investment Report*，2021 资料整理而得。

亚洲地区成为新兴经济体中最大的对外直接投资流出区域，如图 3-5 所示。2014 年亚洲已超过北美和欧洲成为全球最大对外直接投资来源区域。由于近年来发达经济体主导的“逆全球化”趋势的影响，亚洲新兴经济体对外直接投资从 2017 年出现两连降，但对外直接投资流出金额始终保持 3600 亿美元以上。相较于非洲、美洲新兴经济体对外直接投资流出量的负增长，2020 年，亚洲新兴经济体国家的对外直接投资流出金额达到 3866 亿美元，实现 6.71%的同比增长，表明了亚洲新兴国家具有较高经济稳健性。

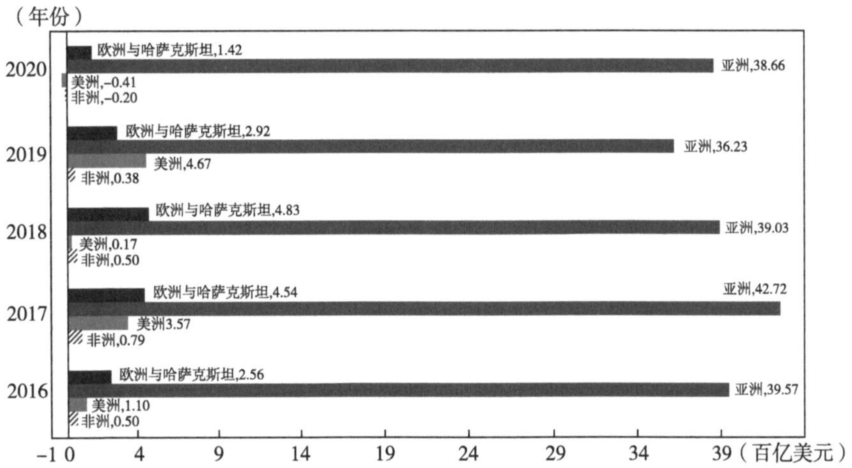

图 3-5　2016—2020 年新兴经济体各区域对外直接投资流出量

资料来源：根据 UNCTAD：*World Investment Report*，2021 资料整理而得。

三　传统行业投资数量缩减，数字型对外直接投资“逆势”增长

近年来，在世界经济整体下行背景下，数字经济为新兴跨国公司的发展提供了新动力与新引擎。根据中国信息通信研究院 2021 年发布的调查显示，2020 年世界数字经济规模总量达到了 31.8 万亿美元，占 GDP 总额的 41.5%。在 2010—2020 年期间，全球百强跨国公司中数字型跨国公司比例实现从 13%到 19%的显著提升。截至 2020 年年底，在全球前十

大市值的跨国公司中，有 7 家企业属于数字型企业。尽管近年来针对科技跨国公司活动和市场地位的监管审查加强，但数字经济仍深刻改变了传统跨国公司的投资模式，数字型对外直接投资实现“逆势”增长。

波士顿咨询公司（BCG）的统计数据表明，从 2008 年全球性金融危机开始，世界数字投资金额整体呈阶梯上升趋势，2017 年全球数字并购金额高达 6580 亿美元，是 2013 年全球数字并购整体金额的两倍多。除此之外，新兴跨国公司的数字型投资速度迅猛，以中国为例，2009—2017 年中国在数字和科技产业领域的并购金额遥遥领先，平均交易金额高达 14.7 亿美元，并购数量也稳居世界第一，其中 56%的数字类并购为跨国并购。

长期以来，传统国际商务理论一直基于以下假设：商品和服务有形流动、开放资源获取受限、跨国界的货币化交易以及竞争环境具有实体壁垒等（Rugman & Verbeke，2004）。然而，大数据、云计算、物联网、人工智能、区块链等数字技术的出现从根本上颠覆了全球经济的本质以及国际商务（IB）的运作方式（Nambisanet al.，2019；Vahlne & Johanson，2017）。数据和信息的无形流动、关键开放资源的拥有属性增加、数字基础设施的重要性提高、知识经验全球获取性、免费内容和服务的交流增多等变化为新兴跨国公司创造了全新的发展机遇（Tallman et al.，2018；Casson et al.，2016；Knight & Liesch，2016；Gölzer et al.，2017）。实际上，在全球经济艰难复苏的背景下，数字型对外直接投资的逆势增长是新兴跨国公司积极应对数字经济冲击、重构全球价值体系的鲜明体现。

作为跨国经营的“后来者”，抓住数字经济的战略机遇期，将数字技术与实体经济进行深度融合，挖掘企业的数据资产价值，探索全新的数字化业务模式，构建跨国公司创造和获取价值的新场所，为积极对接全球技术标准、提升国际竞争力奠定了基础（戚聿东、肖旭，2020），是新兴跨国公司实现“弯道超车”式跃迁、优化海外投资布局、取得高质量发展的关键举措（Luo，2007；Luo & Rui，2009；Tan & Mathews，2015）。

第二节　中国跨国公司对外直接投资现状及特点

近年来，新冠肺炎疫情形势严峻，全球经济复苏进程依然艰难，中国经济整体上延续恢复发展态势，彰显出巨大潜力和强劲韧性，为提高世界产业链和供应链稳定性、畅通全球经济运行作出了巨大贡献。对中国企业“走出去”的步伐进行持续追踪，能够帮助中国企业对海外发展形势和战略进行准确研判，为企业全球化发展提供理论参考以及对策建议。

一　中国对外直接投资基本平稳，跨国公司的投资影响力与日俱增

据《中国对外直接投资统计公报》数据显示，自从中国加入 WTO 之后，对外直接投资存量持续上升。2020 年，全球对外直接投资存量 39.25 万亿美元，其中美国对外直接投资存量 8.13 万亿美元，存量位列全球第一位；荷兰对外直接投资存量 3.79 万亿美元，存量位列全球第二位；中国对外直接投资存量 2.58 万亿美元，是 2001 年刚加入 WTO 时的 74.37 倍，占全球存量的 6.6%，存量位列全球第三位，国际影响力不断扩大，如图 3-6 所示。

过去的二十年中，在中国政府“走出去”政策以及“一带一路”战略规划的驱动下，中国对外直接投资的增长速度达到了前所未有的水平。2016 年我国对外直接投资在实现连续 14 年快速增长之后，创下了 1961.5 亿美元的历史新高，同比大幅增长 34.7%，位居全球第二大对外投资国，连续两年进入资本净输出国行列。即使在全球对外直接投资大幅下滑的 2018 年，中国企业仍然实现对外直接投资 1430.4 亿美元，投资表现远高于全球整体水平。

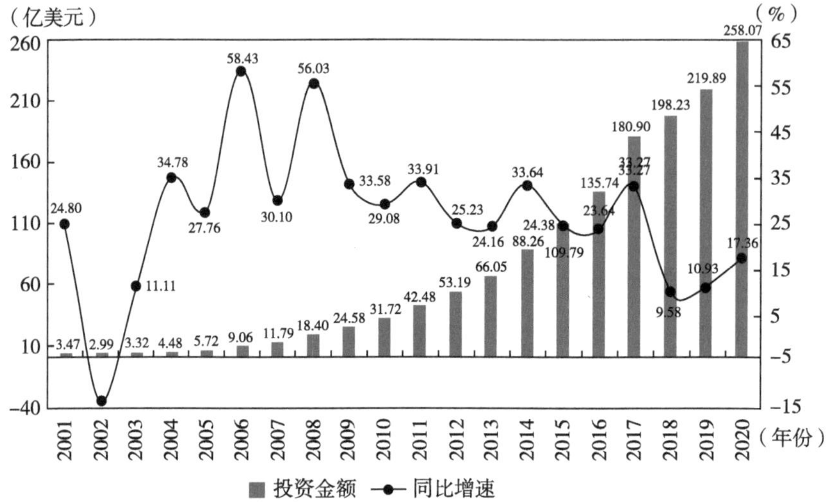

图 3-6　2001—2020 年中国对外直接投资存量

资料来源：根据商务部、国家统计局、国家外汇管理局《2021 年度中国对外直接投资统计公报》资料整理而得。

联合国贸易和发展会议（UNCTAD）2021 年发布的《世界投资报告》显示，2020 年全球对外直接投资流量达到 7399 亿美元，同比下降 35%，而中国对外直接投资却实现“逆势增长”，投资流量高达 1537.1 亿美元，同比增长 12.3%，流量规模首次位居全球第一，对外直接投资流量占全球 20.2%，创历史新高，如图 3-7 所示。作为世界第二大经济体，中国坚定维护经济全球化，坚持并扩大自身的对外开放，致力于发展更高层次的开放型经济，是在面对复杂政治经济环境和新冠疫情肆虐背景下仍然实现对外直接投资流量增长的关键原因。

“世界 500 强”榜单被视为衡量大企业发展的权威榜单。从 2003 年开始，中国企业实现“世界 500 强”上榜数量的 18 年连续增长，如图 3-8 所示。2020 年，“世界 500 强”上榜企业的年营业收入创历史新高，达到 33.3 万亿美元。与此同时，中国内地（含香港）企业数量达到 124 家，在历史上第一次超越美国。加上台湾地区，中国共有 133 家企业上榜。2021 年，中国内地（含香港）的上榜企业数量达 135 家，较上年增加 11 家，连续两年超过美国，上榜企业数量稳居首位。中国企业在全球影响力持续增加，是中国经济持续快速增长的成果，体现出中国经济的强大韧性和巨大潜力。

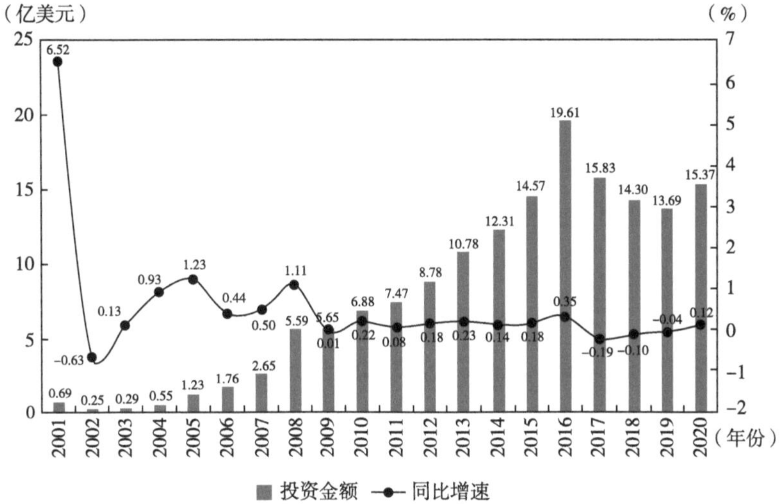

图 3-7　2001—2020 年中国对外直接投资流量

资料来源：根据商务部、国家统计局、国家外汇管理局《2021 年度中国对外直接投资统计公报》资料整理而得。

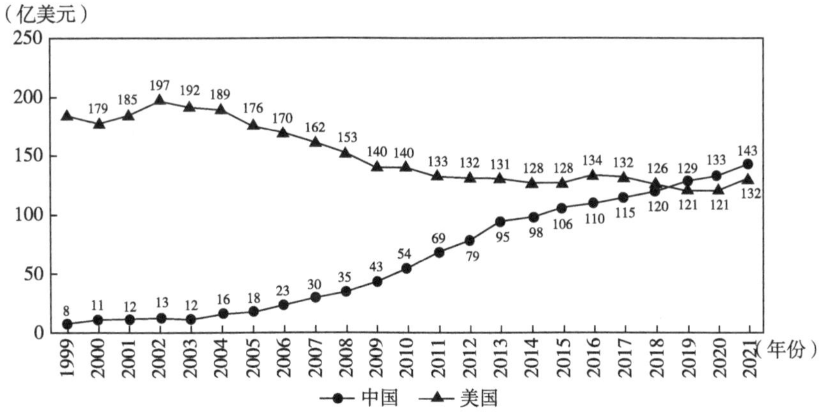

图 3-8　1999—2021 年中美两国“世界 500 强”数量

资料来源：根据商务部、国家统计局、国家外汇管理局《2021 年度中国对外直接投资统计公报》资料整理而得。

二 海外并购是中国跨国公司对外直接投资的主要模式；亚洲是中国企业海外并购的首选区域；共建“一带一路”国家投资占比稳步上升

海外并购仍然是中国跨国公司进行海外投资的首选模式，但自 2016 年中国跨国公司海外并购数量到达峰值后，近几年出现连续下降态势。新冠肺炎疫情在全球范围内肆虐，对中国企业的海外并购带来严重打击，跨境交易变得异常困难。由普华永道发布的《2020 年中国企业并购市场回顾与 2021 年前瞻》数据显示，2020 年，中国跨国公司海外并购交易总额跌至 420 亿美元，创 2010 年以来的最低值，而海外并购交易数量也跌至 403 宗，成为 2015 年以来的最低值。

从投资目的地来看，亚洲、美洲和欧洲是 2020 年中国对外直接投资的主要目的地。从近 5 年来看，无论是并购数量还是并购金额都占中国企业海外并购的 80%以上。2020 年，中国在三大洲投资金额占全部对外直接投资金额的 95%，如图 3-9 所示。

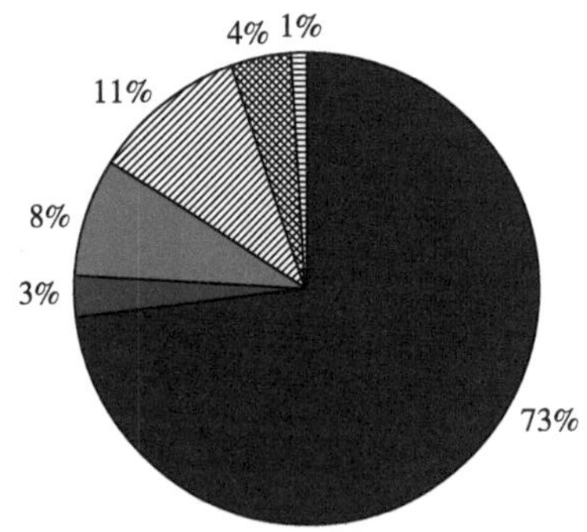

图 3-9 2020 年中国对外直接投资区域分布情况

资料来源：根据商务部、国家统计局、国家外汇管理局《2021 年度中国对外直接投资统计公报》资料整理而得。

具体来看，从 2007 年开始，亚洲成为中国跨国公司对外直接投资的首选目的地。在经历将近 10 年的快速发展之后，2016 年中国对亚洲的对外直接投资金额达到 1303 亿美元，达到顶峰。随后虽然中国企业在亚洲的投资金额有所下降，仍为各区域最大值。中国企业赴美投资在 2016 年达到峰值后出现连续三年下降态势，中国企业在欧洲投资金额连续两年上涨，同比增长率分别为 59. 67%和 20. 68%，如图 3-10 所示。

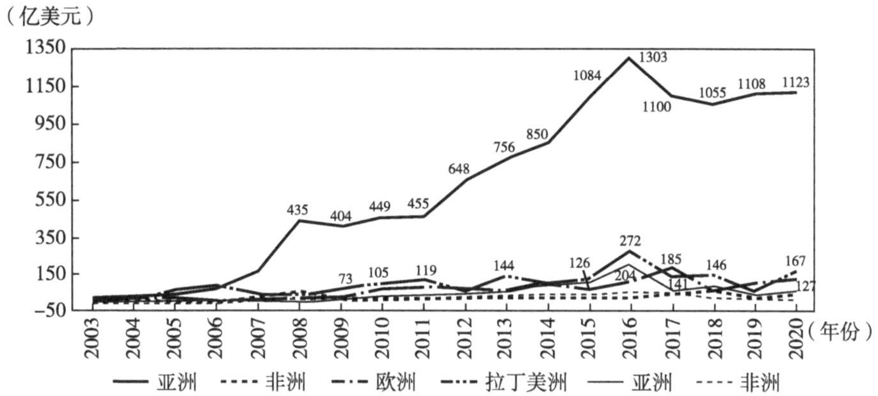

图 3-10　2003—2020 年中国对外直接投资区域

资料来源：根据商务部、国家统计局、国家外汇管理局《2021 年度中国对外直接投资统计公报》资料整理而得。

与此同时，中国对共建“一带一路”国家投资稳步推进，逆势增长。2020 年，中国企业在共建“一带一路”国家设立境外企业超过 1. 1 万家，对外直接投资金额达到 225. 4 亿美元，同比增长 20. 6%，占同期流量的 14. 7%。其中，非金融类直接投资金额为 177. 9 亿美元，同比增长 18. 3%，占同期总额的 16. 2%，主要投资目的国包括新加坡、印度尼西亚、越南、老挝、马来西亚、柬埔寨、泰国、阿联酋、哈萨克斯坦和以色列等国家。

三　制造业与批发和零售业领域复苏，租赁和商务服务业领域投资降幅收窄

2020 年，中国对外直接投资流量为 1537.1 亿美元，同比增长 12.3%，其中对外金融类直接投资流量 196.6 亿美元，对外非金融类直接投资流量 1340.5 亿美元。从行业来看，2020 年中国企业对外直接投资涵盖国民经济 18 个行业大类，在非金融行业之中，对外直接投资流量主要集中在租赁和商务服务、制造、批发和零售等领域，其投资金额分别是 387.25 亿美元、258.38 亿美元和 229.98 亿美元，占比为 25.17%、16.81%和 14.96%，超过中国企业对外直接投资总额的 50%，如图 3-11 所示。

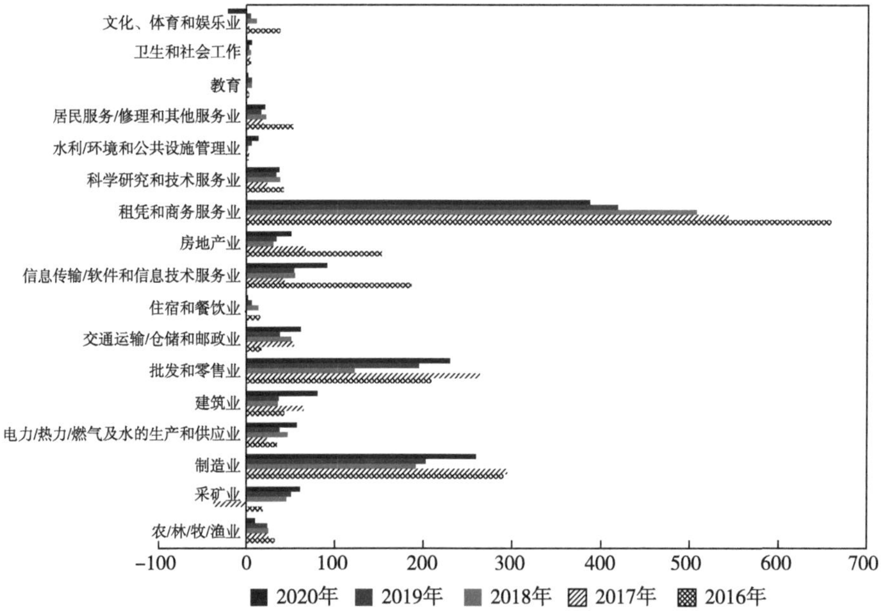

图 3-11　2016—2020 年中国对外直接投资行业

资料来源：根据商务部、国家统计局、国家外汇管理局《2021 年度中国对外直接投资统计公报》资料整理而得。

第三节　新兴跨国公司对外直接投资进程特征分析

时间维度成为跨国公司参与国际竞争的关键因素。如何根据外部环境和自身状况来选择和管理对外直接投资路径是新兴跨国公司的重要决策。对新兴跨国公司对外直接投资进程特征进行深入细致地理论解读，有助于更深入地理解国际化战略行为逻辑和能力构建意图。

一　新兴跨国公司对外直接投资由“激进式”发展逐渐驶入“慢车道”

国际化速度是指单位时间内海外扩张的数量或者金额变化。从 2008 年金融危机开始，新兴经济体对外直接投资呈现出“快速”“激进”的典型特征。根据对外直接投资流出量金额的同比增速来看，除了 2015 年受到全球经济脆弱，金融市场动荡，特别是部分新兴经济体内需不振，增速放缓，加上地缘政治风险和地区紧张局势的影响而出现负增长以外，新兴经济体对外直接投资流出增速明显高于全球对外直接投资增速，其对外直接投资流出量从 2006 年的 1281 亿美元飙升至 2014 年的 5222 亿美元，年平均增幅达到 50%左右。

联合国贸易和发展会议发布的《世界投资报告》数据显示，2017 年以后，新兴经济体对外直接投资速度明显降低，逐渐进入海外扩张“慢车道”时代。中美贸易摩擦的不确定性前景使全球经济前景承压，对全球产业变迁产生重要影响，极大地影响了跨国公司在世界范围内的投资决策。以欧美发达国家为代表的投资保护主义倾向明显，对新兴经济体投资审查强度提高，限制了新兴跨国公司的国际化扩张速度。

以中国上市公司为例，自从 2001 年加入 WTO 之后，中国企业海外扩张的数量和金额逐年增加。2007 年金融危机前后，中国上市公司对外直接投资速度到达顶峰，2008 年，中国上市公司平均海外子公司数量达到 3.28 家，比 2007 年的平均 2.78 家上涨了 18%，呈现出典型的“激进式”特征，如图 3-12 所示。在经历 2009 年和 2010 年对外直接投资速度的短暂下降之后，中国上市公司海外子公司数量始终保持高速增长。直到 2017 年之后，由于世界政治经济形势的复杂化和疫情对上市公司海外业务的影响，上市公司海外业务扩张速度受到阻碍。据《经济日报》数据统计，2020 年 A 股上市公司海外子公司业务数量几乎没有增长，海外业务收入 5.48 万亿元，同比增长仅有 7.07%，创下过去四年同期最低水平。

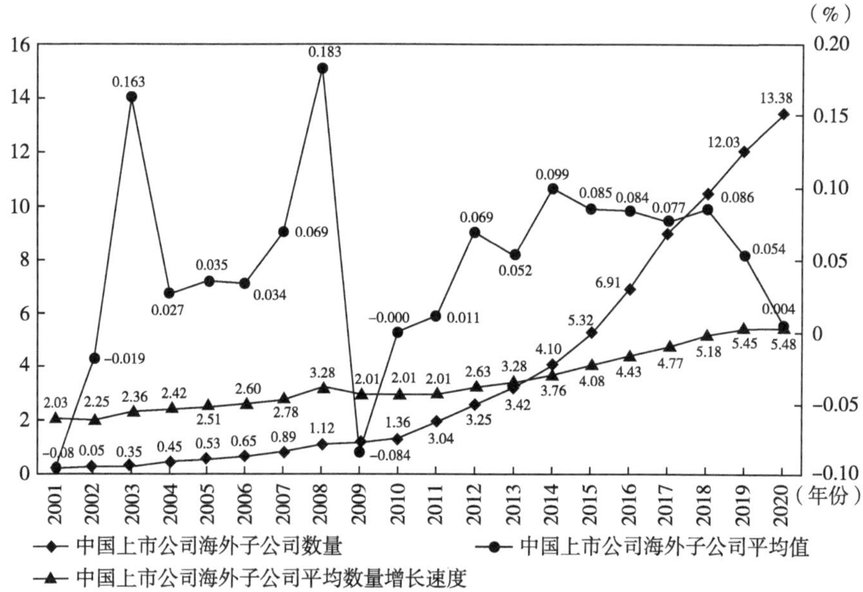

图 3-12　2001—2020 年中国上市公司海外子公司平均数量增长速度

资料来源：根据国泰安《2001—2020 年海外直接投资数据库》整理而得。

二　新兴跨国公司对外直接投资节奏由“跳跃式”逐渐转向“规律化”

新兴经济体跨国公司的国际化行为具有典型的“机会寻求”和“战略资产寻求”特征（方宏和王益民，2021）。新兴跨国公司通过顺应国家政策、遵循市场调控，并在尽可能短的时间窗口内发现机会、利用机会以克服“外来者劣势”和“新兴者劣势”，创造“弯道超车”“逆风翻盘”的可能性（程聪等，2017）。因此，新兴经济体跨国公司的国际化模式在较长的一段时间内展现出高度的不规律性，具有更加“灵活”“战略跳跃式”的特征，如图 3-13 所示。

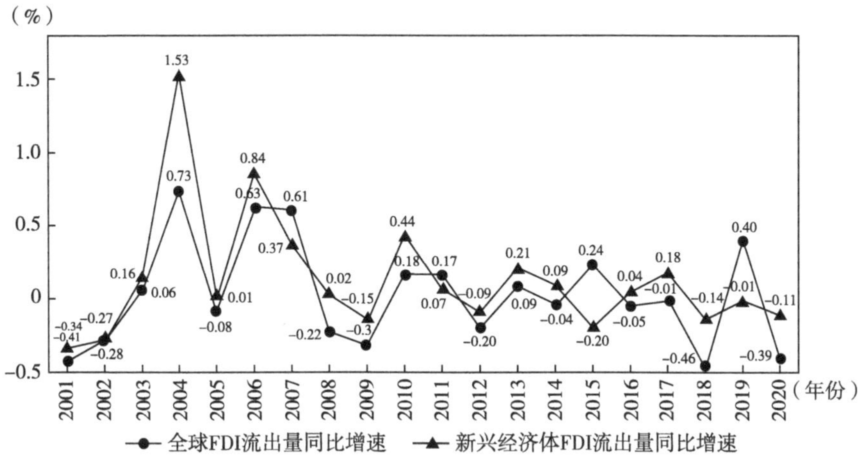

图 3-13　2001—2020 年全球及新兴经济体对外直接投资进程

资料来源：根据 UNCTAD：*World Investment Report*，2021 资料整理而得。

2016 年以后，发达国家推进经济全球化发展的意愿减弱，单边主义和贸易保护主义抬头，逆全球化现象集中升温，使全球投资意愿与行为出现剧烈震荡。制度环境制约并影响企业战略选择与资源配置。2017 年 12 月，美国《2017 年减税及就业法案》将美国企业税率下调至 21%，并且大幅度降低了企业海外回流利润的征税。因此，欧美跨国公司海外留存利润开始回流，进而大幅度降低了欧美跨国公司海外再投资的资金来源，导致 2018 年出现全球对外直接投资流量骤降。而作为世界经济体系中的一员，新兴经济体国际化的对外直接投资额度也出现下滑。但是相较于全球对外直接投资的变化节奏，新兴跨国公司的对外直接投资动荡程度较小，投资节奏趋于平稳。

第四节　结论与讨论

20多年以来，以中国为代表的新兴跨国公司响应国家政策、顺应国际形势，积极突破国内市场的“禁锢”，以更加“灵活”“跳跃”“激进”的态势迅速向全球扩张，以期利用较短的时间窗口克服“外来者劣势”和“新兴者劣势”，取得了举世瞩目的国际化绩效。“借力”快速对外直接投资，成为新兴跨国公司参与全球竞争、实现“机会寻求”和“战略资产寻求”的理想路径。

近年来，伴随着全球产业结构深度调整，逆全球化思潮不断兴起，新冠肺炎疫情全球化蔓延，全球投资活动出现持续性低迷。大量而且快速地采用海外并购作为国际扩张的基本市场进入模式，以及严重缺乏国际化关键资源与管理能力所带来的巨大压力，将新兴跨国公司国际扩张与“高风险”“激进”等特征联系在一起。在经济全球化进程受阻、贸易摩擦不断、地缘政治风险加大等国际形势下，全球经济运行环境复杂，新兴跨国公司的国际化进程遭遇严峻挑战。对外直接投资速度由“激进式”转入“慢车道”，投资节奏由“跳跃式”转向“规律化”。

实际上，在世界经济增长乏力的背景下，新兴跨国公司国际化进程特征的改变，是战略管理者积极应对全球环境剧变所带来的机会和威胁的适应性战略调整，其背后折射的是新兴跨国公司能力构建逻辑的改变。在逐渐积累跨国经营资源和能力的同时，审慎应对复杂多变的地缘政治和国际环境，是新兴跨国公司国际化发展的理性选择。响应战略管理界“从微观基础探讨战略问题”的号召，系统探讨新兴经济体跨国公司国际化进程变化的认知诱因，能够对新的经济格局下新兴跨国公司国际化行为的积极转变提供理论指导。

第四章　管理者认知对新兴跨国公司国际化速度的影响研究

第一节　认知偏差视角

以跨国经营“后来者”身份向国际市场进军的新兴跨国公司，其国际化扩张速度之快令世界震惊。作为国际化战略的缔造者和负责人，高层管理者认知特征会对企业国际化进程产生直接影响，然而现有研究对管理者认知偏差所导致的国际化决策研究尚显不足。通过理论推演及实证分析，基于过度自信理论视角，本节解释了高层管理者认知偏差是如何以及怎样促进新兴跨国公司国际化进程中机会主义行为增加，并对不同维度下的国际化速度产生影响的。

一　问题提出

高层管理者认知会对企业战略行为选择造成重要影响（Hambrick & Mason，1984）。从本质上来看，跨国公司的国际化进程是由高层管理者所塑造，并进而对国际化战略的成败起到了关键影响（Carpenter et al.，2004）。但是，具体到新兴跨国公司的国际化进程研究前沿，到目前为止，尽管已经出现诸多有趣且具有较高理论价值的探讨性研究，但是从管理者认知偏差特征入手对新兴跨国公司国际化进程特质进行解释的理论研究仍较为缺乏（Deng，2013）。究其原因，主要在于在相关领域研究中，往往高层管理者“完全理性”假设作为战略决策的隐含前提，管理者在国际化战略决策中的非理性认知特征尚未引起足够的重视。

管理者过度自信理论为我们提供了一个崭新的研究视角来对管理者认知特质及决策模式进行重新审视。作为一种个体普遍存在的心理特征，高层管理者的过度自信认知特征尤为显著（Ferris et al.，2013）。这种认知偏差会造成管理者低估投资风险，高估投资收益，过度相信自身能力及信息，从而导致投资收益受损（Malmendier & Tate，2008）。但是目前鲜有学者关注在新兴跨国公司的特殊制度背景下，高层管理者过度自信与企业国际化进程特征之间的影响机制和情境因素。除此之外，企业与政府之间的网络联结一直被认为是获得企业所需资源的重要形式，将给企业带来更多机会（巫景飞等，2008）。由于历史原因，中国企业第一代领导人及高层管理者大多具备政治背景，这种特殊背景是否会促使中国跨国公司在国际化决策过程中产生非理性“机会主义”行为，从而导致中国跨国公司国际化进程具备独特性？对这些问题的解答有助于弥补和完善现有新兴跨国公司国际化进程研究中的若干薄弱环节，为进一步深化国际商务理论和管理者认知理论奠定更坚实的理论基础。

二　理论模型与研究假设

（一）高管过度自信与不同维度的国际化速度之间的关系

基于前文对不同维度的国际化速度的阐述，本节主要从两个维度出发构建新兴跨国公司国际化速度的概念：第一，基于深度的国际化速度，是指新兴跨国公司采用同一种国际化经营模式累积经验的变化率，其衡量的是该企业针对某一特定海外市场投入的增长速度；第二，基于广度的国际化速度，即新兴跨国公司东道国市场的累计数量增长速度。基于March（1991）的经典理论，企业经营活动可以分为探索性活动与开发性活动两种类型。其中，探索性活动是指在不确定情形下进行创新、探索、冒险、实验等类型的活动，有利于企业开辟新的市场和渠道，创造先进的产品和服务，从而有利于跨国公司的长期绩效；而开发性活动则被定义为通过提高效率、降低不确定性来适应环境，与效率、实施以及执行相关的系列活动，其本质是对现有模式、技术和能力的持续拓展和提高（March，1991）。据此可知，基于深度的国际化速度是新兴跨国公司将对外直接投资模式进行重复利用和拓展提高的具体体现，反映的是国际化战略活动的开发性行为模式；而基于广度的国际化速度则更多的是体现为跨国公司对不同东道国市场的探索性行为模式。由此，结合双元理论对新兴跨国公司国际化速度的双维度概念进行划分，能够更加客观、深入地刻画和理解新兴跨国公司国际化进程背后所体现的组织行为和管理逻辑。

企业层面的政策制定是高层管理者认知模式的折射和反映（Hambrick & Mason，1984）。本书认为，高层管理者过度自信程度会对基于深度的国际化速度和基于广度的国际化速度均存在显著正向影响，原因在于：

第一，具有过度自信认知偏差的管理者往往有三种典型表现：一是对自身能力进行过高估计，其往往认为自身拥有更加系统全面的知识体系、具备更多的管理技能，掌控大局的能力更强，等等（陈伟宏等，2021）；二是对战略方案的预期收益和未来回报做出过高估计，低估方案可能出现的决策风险（Malmendier & Tate，2005；2015）；三是对私人信息产生信号的准确性做过高估计（陈镌彦和陈伟宏，2021）。在这样的认知结构下，具备过度自信认知偏差的高层管理者将具有更高的风险偏好。而企业风险承担水平在一定程度上可以理解为决策制定者对于战略决策风险偏好的重要表现。风险承担水平越高，高层管理者将更倾向于选择风险性与收益率都相对较高的投资项目。而对外直接投资需要面对来自东道国和母国的双重压力，包括政治、经济、文化等各方面的高度不确定性，因此在短时间内大量进行对外直接投资需要跨国公司承担的风险性将更高（张振刚等，2022）。在面对较高的不确定性时，相对于理性管理者，过度自信的高层管理者更容易出现控制幻觉和认知偏差（Doukas & Petmezas，2007）。当高层管理者具备较高程度的过度自信认知偏差时，会对海外扩张的成功率和收益高度关注并过高估计，而对可能出现的决策风险以及资源能力的约束进行无意识忽略，因而导致其更加倾向于进行冒险性投资行为，跨国公司的风险承担水平将更高，出现高风险高频率的快速国际化投资行为（陈建勋等，2017）。另外，由于其对自身所获取信息的准确性具有极高的信任度，因此，高层管理者会更加忽略对对外直接投资项目的系统性评估，在机会主义的驱使下，新兴跨国公司对外直接投资的区域扩张也会显著加快。

第二，在经济全球化的大环境下，在国家“走出去”开放战略的激励下，跨国经营成为新兴跨国公司积极参与经济全球化的必然选择，企业国际化势头整体表现强劲。然而正处于经济转型期的新兴跨国公司，市场体制尚未健全，跨国公司内外部治理及监督机制也尚不成熟。在传统文化和制度环境的双重影响下，高层管理者往往无法实现对投资事宜的谨慎、理性考察，盲目高估其能力及投资收益，忽略投资风险，从而出现较高程度的机会主义行为。当出现潜在投资信号时，过度自信的高层管理者会更倾向于风险性较高的快速海外扩张，导致国际化深度和范围的激进式扩张。鉴于以上分析，提出如下假设：

H1a：高层管理团队过度自信程度与基于深度的国际化速度正相关。

H1b：高层管理团队过度自信程度与基于广度的国际化速度正相关。

（二）政治网络的调节作用

政治网络将通过资源效应和信息效应两种机制对新兴跨国公司国际化进程决策共同发挥作用，具体表现为：

1. 资源效应

对外直接投资是一项典型的资源高度消耗性战略，具有很强的资源依赖性。通过社会网络寻求稀缺资源是新兴跨国公司的重要战略选择

(Almeida & Campello, 2007)。作为一种特殊的社会网络类型，政治网络具有较强的资源配置效应，可以帮助跨国公司更加便捷地获取外部资源(Hackbarth et al.，2007)。比如，政治网络有助于促进新兴跨国公司与政府和国有银行之间的联系更加紧密，从而能够更便利地取得银行贷款和投资机会。除此之外，政治网络能够帮助企业充分利用与政府的良好关系，提前掌握政策动态，化解政策风险，获取税收优惠，而且还能以低于市场的价格获得其他生产要素和资源。新兴跨国公司高层管理团队所拥有的政治网络越广泛深入，企业能够获取的资源就越丰富。与资源相对匮乏的跨国公司相比，当出现国际化投资信号时，在资源约束更为宽松的情况下，管理者对资源的焦虑程度较低。在过度自信认知的驱动下，高层管理者会更倾向于在国际化深度和地域范围方面进行快速扩张。

2. 信息效应

在国际化扩张过程中，新兴跨国公司将不可避免地要面对来自东道国、母国、产业和企业内部等各种不确定性因素，国际化经营具有高度风险性。基于社会网络理论的主要观点，网络关系能够为企业带来明显的信息优势。在跨国经营可能遭遇的所有风险中，政策风险是影响跨国公司成败的最关键的风险之一（许晖和余娟，2007）。新兴跨国公司可以通过政治网络及时获取准确性、时效性较高的国际化制度知识和商业知识，有利于遏制由于高层管理者过度自信认知对国际化潜在投资机会的过度乐观估计，有效增强高层管理者风险意识，减少盲目性投资，降低由于机会主义行为导致的对外直接投资速度。

在跨国公司政治网络资源相对较少的发展阶段，物质资源会对企业国际化扩张起到基础性作用。在这个阶段，政治网络的资源效应起主导作用（周劲波和黄胜，2010）。但随着政治网络关系的不断深化，通过政治网络获取的物质资源所起到的作用将到达某种临界点，能够提供国际化制度信息和商业知识从而避免高层管理者机会主义行为的信息效应将逐渐起主导作用。由此，本书认为随着高层管理者政治网络资源增加，在资源效应和信息效应的双重影响下，高层管理者过度自信程度对新兴跨国公司基于深度与广度的国际化速度的正向影响均将呈现先增强后削减的调节作用，也就是说，高层管理者政治网络对过度自信与基于深度和广度的国际化速度之间的关系存在倒 U 形调节效应。鉴于以上分析，提出如下假设：

H2a：政治网络对高管团队过度自信认知与基于深度的国际化扩张速度之间的关系存在倒“U”形调节效应。

H2b：政治网络对高管团队过度自信认知与基于广度的国际化扩张速度之间的关系存在倒“U”形调节效应。

本节的理论框架如图 4-1 所示。

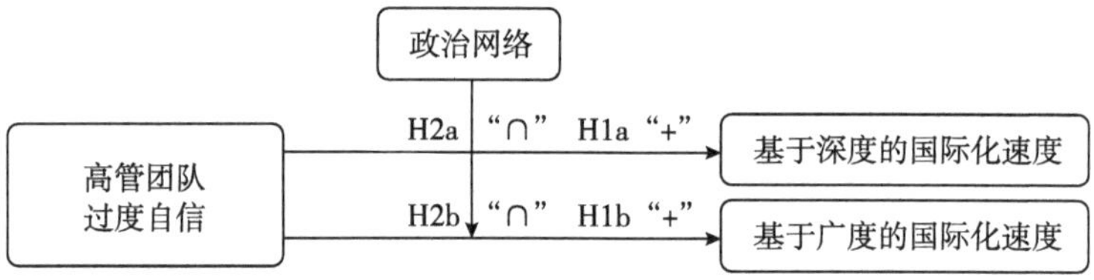

图 4-1 理论框架

三 研究设计

（一）数据来源

本书研究对象是拥有海外子公司的中国上市公司。基于巨潮资讯网和国泰安上市公司数据库等权威数据来源，在对 2007—2013 年度内沪深交易所发行 A 股挂牌上市且存在海外子公司的中国上市公司相关数据进行了人工搜集和数据挖掘，共获得 1392 家初始样本。在对数据缺失严重的企业样本进行筛选之后，最终共获得有 301 家企业样本，1754 个观测值的非平衡面板数据。本节其他数据主要通过 CSMAR 数据库进行收集，缺失数据通过公司年报及官方网站进行补充。

（二）变量定义

1. 被解释变量

基于深度的国际化速度（$Speed_{dep}$）。本节衡量的是国际化平均速度的概念。借鉴 Vermeulen 和 Barkema（2002）的相关研究，将基于深度的国际化速度定义为跨国公司海外子公司数量除以国际化年限，而国际化年限是按照跨国公司首次对外直接投资开始至报告期的时间间隔。在特定时间内跨国公司对外直接投资数量越多，基于深度的国际化速度值越大，意味着新兴跨国公司国际化深度扩张越快。

基于广度的国际化速度（$Speed_{sco}$）。借鉴前人研究，本书将基于广度的国际化速度定义为新兴跨国公司的海外子公司所在的东道国数量除以国际化年限。在特定时间内新兴跨国公司对外直接投资涉及国际化范围越广，基于广度的国际化速度值越大，意味着新兴跨国公司国际化深度扩张越快。

2. 解释变量

高管团队过度自信（*Over-confidence*）。借鉴大部分学者的做法，采取管理层的持股状况变动数据作为新兴跨国公司高管团队过度自信程度的衡量指标。此外，本书将以“盈余预测法”作为稳健性检验中对高管团队过度自信程度的另外一种度量方法带入模型。

管理层持股变动法的前提假设是“完全理性”的高层管理者通常会在利益最大化原则的驱使下，在股票价格较高时选择行使股票期权。当跨国公司股票表现明显领先于大盘时，如果高层管理者仍然选择不行使期权甚至对企业股票进行增持，这就说明高层管理者对企业未来前景持有较为乐观的估计，属于过度自信的管理者。反之，如果跨国公司股票表现明显领先于大盘时，高层管理者选择行使期权，对企业股票进行减持，那就说明高层管理者对企业未来前景持有较为悲观的估计，不属于过度自信的管理者。

识别高层管理者是否过度自信的判定条件如下：

$$H_i - H_{i-1} \geqslant 0 \tag{4—1}$$

$$\frac{P_i}{P_{i-1}} \leqslant \frac{Index_i}{Index_{i-1}} \tag{4—2}$$

上式中，i 代表时间，用年份表示；H_i 为第 i 年年末企业高管所持有公司的股票总股数；P_i 为第 i 年年末该公司的股票价格；$Index_i$ 表示第 i 年年末大盘股票指数。只有当上述两个条件同时满足时，方可认为企业高层管理者具备过度自信认知偏差，赋值为 1；否则将其赋值为 0。

3. 调节变量

高管政治网络（*PN*）：借鉴巫景飞等（2008）所采用的内容分析法对上市公司高管背景进行编码，并进行量化转换。上市公司高管背景信息主要通过国泰安数据库获取。本书编码所参考的问题主要包含四个方面：是否是中共党员或者民主党派；是否有在军队、地方政府和中央政府部门的工作经历；是否担任过全国或者地方的“两会代表”；是否获得过中央政府或者地方政府颁发的奖项（劳动模范、先进个人、优秀企业家、三八红旗手等）。当高管信息符合问题选项之一，即编码为 1，否则赋值为 0，然后再将各问题选项编码值逐项相加。在此基础上将各位高管政治网络编码分值相加后，最终形成该企业高管政治网络分值。

4. 控制变量

企业年龄（*Age*）。采用企业创建年限来进行测量。伴随年龄增长，企业管理经验增加，国际化知识及经验积累相对更加丰富，基于广度和深度的国际化速度可能会递增。

企业规模（*Firmsize*）。采用总资产对数来进行衡量。企业规模越大，意味着有更多的资源和机会进行国际化扩张，因此对国际化进程有直接影响。

企业性质（*Ownership*）。采用企业的最终控制权来进行衡量。将企业性质设定为哑变量，若企业最终控制权掌握在政府手中则设定为 1，否则赋值为 0。

所处产业（*Industry*）。根据《2013 年四季度上市公司行业分类结果》，控制了 41 个行业哑变量。

国际化程度（*DOI*）。采用海外销售收入除以总收入进行衡量。国际化经营活动的深度意味着企业国际化经营积累经验的深度，其对国际化速度有显著影响。

国际化范围（*Scope*）。采用企业已经进入的海外国家数量来进行测量。企业国际化涉及国家越多，对于海外制度知识和市场知识的积累越多，国际化扩张速度势必受到影响。

市场化程度（*MI*）。采用樊纲等（2006）编制的各省（区）市市场化指数来衡量。

核心变量定义及数据来源如表 4-1 所示。

表 4-1　变量定义

变量名称	变量符号	变量定义	变量来源
被解释变量			
基于深度的国际化速度	$Speed_{dep}$	海外子公司数/国际化时间	上市公司年报
基于广度的国际化速度	$Speed_{sco}$	东道国数量/国际化时间	上市公司年报
解释变量			
高管团队过度自信	*Overconfidence*	高管持股变动	CSMAR
调节变量			
高管政治网络	*PN*	根据内容分析法进行编码后取值相加	CSMAR
控制变量			
企业年龄	*Age*	报告期—企业创立时间	CSMAR
企业规模	*Firmsize*	总资产自然对数	CSMAR
企业性质	*Ownership*	最终控制权	CSMAR
所处产业	*Industry*	国民经济行业分类	CSMAR

续表

变量名称	变量符号	变量定义	变量来源
国际化程度	*DOI*	海外销售收入/销售收入	CSMAR
国际化范围	*Scope*	海外子公司所处国家数	上市公司年报
市场化程度	*MI*	市场化指数	市场化指数

（三）模型构建

为检验 H1a、H1b，本书设定以下研究模型：

$$Speed_{depi,t}=\beta_0+\beta_1 Overconfidence_{i,t}+\beta_2 C_{i,t}+\varepsilon_{i,t} \quad (4—3)$$

$$Speed_{scoi,t}=\beta_0+\beta_1 Overconfidence_{i,t}+\beta_2 C_{i,t}+\varepsilon_{i,t} \quad (4—4)$$

为检验 H2a、H2b，本节设定以下研究模型：

$$Speed_{depi,t}=\beta_0+\beta_1 Overconfidence_{i,t}+\beta_2 PN_{i,t}+\beta_3 Overconfidence_{i,t}PN_{i,t}+\beta_4 PN_{i,t}^2+\beta_5 Overconfidence_{i,t}PN_{i,t}^2+\beta_6 C_{i,t}+\varepsilon_{i,t} \quad (4—5)$$

$$Speed_{scoi,t}=\beta_0+\beta_1 Overconfidence_{i,t}+\beta_2 PN_{i,t}+\beta_3 Overconfidence_{i,t}PN_{i,t}+\beta_4 PN_{i,t}^2+\beta_5 Overconfidence_{i,t}PN_{i,t}^2+\beta_6 C_{i,t}+\varepsilon_{i,t} \quad (4—6)$$

上述各模型中，i 表示横截面个体企业；t 表示时间，用年份表示；C 表示控制变量；$Speed_{dep}$ 和 $Speed_{sco}$ 为基于深度的国际化速度和基于广度的国际化速度，是模型的被解释变量；*Overconfidence* 为高管团队过度自信，是模型的解释变量。*PN* 为高管政治网络，是模型的调节变量。

本节样本包含 301 家企业，共计 1754 个观测值。鉴于国际化元年并不一致，本节所采用数据为非平衡面板数据。研究样本时间跨度为 2007—2013 年共计 7 年数据，属于短面板，因此并不需要进行单位根检验。经 Hausman 模型检验后，*P* 值为零，即拒绝原假设，故选择固定效应模型进行估计。

四　数据分析和结果

（一）描述性统计分析

本书采用 Stata 15.0 统计分析软件进行计量分析。表 4-2 列举的是模型主要变量的描述性统计变量及相关系数矩阵。解释变量之间的相关系数相对较小；在此基础上，对全部解释变量均进行了方差膨胀因子（VIF）分析，结果显示平均 VIF 值为 1.29，所有自变量的 VIF 值也均接近于 1，远小于临界值 10，说明自变量之间不存在严重的多重共线性问题，可以进行多元回归分析，具体数据如表 4-2 所示。

（二）假设检验

表 4-3 分别给出了关于基于深度的国际化速度和基于广度的国际化速度的面板数据固定效应估计结果。模型 1 和模型 4 为基本模型，分别是以基于深度和广度的国际化速度为被解释变量，模型中仅包含控制变量。模型 2 和模型 5 在模型 1 和模型 4 的基础上加入解释变量——高管过度自信，模型 3 和模型 6 是在模型 2 和模型 5 的基础上进一步加入了调节变量、调节变量与解释变量的交互项、调节变量二次项以及调节变量二次项与解释变量的交互项。所有模型均具有显著解释力。

如表 4-3 所示，以基于深度的国际化速度和基于广度的国际化速度为被解释变量的回归模型，结论并不完全一致。模型 2 结果显示，中国企业高管过度自信程度与基于深度的国际化速度之间（$beta = 0.040$，$p < 0.1$）成显著正相关关系，模型解释力也明显上升。这表明当企业高管具备较高程度的过度自信心理时，在中国特殊的制度、文化背景下，由于其对投资收益以及自身能力的过高估计以及对投资风险的非理性忽略，国际化机会主义倾向明显，从而更加倾向于国际化投资数量的快速扩张。H1a 得到验证。然而，由模型 4 回归结果可见，中国企业高管的过度自信并不会导致基于广度（范围）的国际化速度急速增加，这表明虽然过度自信会导致对外直接投资数量的快速增加，但其地理分布却相对集中。究其原因，这应该与中国企业的国际化阶段和动机密切相关。

表 4-2　描述性统计变量及相关系数矩阵

变量	1	2	3	4	5	6	7	8	9	10
1. $Speed_{dep}$	1									
2. $Speed_{sco}$	0.463*	1								
3. *Age*	-0.066*	-0.060*	1							
4. *Firmsize*	0.298*	0.126*	0.127*	1						
5. *Industry*	0.149*	0.091*	0.117*	-0.081*	1					
6. *Ownership*	-0.001	0.032	0.055*	0.413*	0.016	1				
7. *DOI*	0.029	-0.018	-0.218*	-0.365*	0.056*	-0.330*	1			
8. *MI*	-0.018	-0.123*	0.112*	-0.058*	0.092*	-0.175*	0.234*	1		
9. *PN*	0.335*	0.163*	0.042	0.445*	-0.097*	0.181*	-0.142*	0.279*	1*	
10. *Overconfidence*	-0.003	-0.011	0.049*	0.031	0.013	0.065*	-0.007	0.007	-0.084*	1
Mean	0.707	0.423	14.757	22.416	29.978	0.534	0.28	10.131	3.35	0.752
S.D	1.226	0.634	4.577	1.42	8.872	0.499	0.265	2.106	3.855	0.432

注：Pearson 系数；* $p<0.05$。

表 4-3　　　　实证分析结果

变量	$Speed_{dep}$			$Speed_{sco}$		
	(1)	(2)	(3)	(4)	(5)	(6)
Age	-0.094*** (-5.631)	-0.094*** (-5.760)	-0.087*** (-5.631)	-0.025 (-1.649)	-0.027+ (-1.830)	-0.021 (-1.441)
Firmsize	0.108** (2.989)	0.097** (2.741)	0.117** (3.470)	0.036 (1.101)	0.034 (1.031)	0.044 (1.370)
Industry	-0.098* (-1.971)	-0.098* (-2.050)	-0.080+ (-1.749)	-0.001 (-0.021)	-0.001 (-0.011)	0.004 (0.089)
Ownership	-0.150 (-0.701)	-0.152 (-0.731)	-0.134 (-0.679)	-0.062 (-0.320)	-0.064 (-0.331)	-0.066 (-0.351)
DOI	0.478*** (4.402)	0.484*** (4.560)	0.432*** (4.281)	-0.022 (-0.219)	-0.015 (-0.161)	-0.050 (-0.520)
MI	0.137*** (4.000)	0.146*** (4.410)	0.132*** (4.159)	0.007 (0.231)	0.015 (0.483)	0.002 (0.062)
Overconfidence	—	0.040+ (1.761)	0.180*** (7.052)	—	0.017 (0.809)	0.072** (2.942)
PN	—	—	-0.011 (-1.330)	—	—	-0.015+ (-1.821)
Overconfidence * *PN*	—	—	0.032*** (3.791)	—	—	0.005 (0.592)
PN^2	—	—	0.001 (1.581)	—	—	0.001 (1.202)
Overconfidence * *PN*^2	—	—	-0.010*** (-10.881)	—	—	-0.004*** (-4.602)
_cons	1.176 (0.691)	1.327 (0.802)	0.266** (0.169)	-0.018 (-0.011)	-0.035 (-0.020)	-0.366 (-0.242)
N	1754	1736	1736	1754	1736	1736
F	12.031	9.522	21.848	2.931	2.401	5.202
R^2	0.048	0.051	0.144	0.012	0.012	0.039

注：括号中为 t 值。*** p<0.001，** p<0.01，* p<0.05，+ p<0.1。

作为跨国经营的“后来者”，在进行对外直接投资区位选择时，中国企业往往面临两难困境。为了获取资源、市场以及战略性资产，中国企业不得不兼顾能给企业带来高额回报的、与母国心理距离接近的发展中经济体以及能为企业带来战略性资源的发达国家市场。然而，绝大多数中国企业仍然处于国际化进程的初期阶段，获取市场与资源是中国企业进行国际化的主要动因，而获取战略资产与效率则是中国企业后续国际化阶段的主要驱动因素，因此现阶段在目标区域选择上，仍然是集中于市场条件、文化背景与母国相似的东南亚，其次才是欧盟与美洲等市场，在整体战略目标的影响下，区域扩张速度并不会随高管过度自信程度的增高而显著提高。H1b 未得到验证。鉴于基于深度的国际化速度体现的是开发性国际化活动的扩张速度，而基于广度的国际化速度体现的是探索性国际化活动的扩张速度，实证结果表明，具备过度自信心理程度越高的高层管理者，越容易促进国际化开发性行为，从而促使企业国际化战略双元平衡度失衡，陷入过度开发陷阱，对企业长期绩效造成危害。

模型 3 和模型 6 检验的是高管政治网络对高管过度自信与基于深度和基于广度的国际化速度之间关系的调节作用。检验结果表明，高管政治网络对高管过度自信与基于深度的国际化速度之间的关系起显著的倒“U”形调节作用（beta = -0.010，$p<0.01$），对过度自信与基于广度的国际化速度之间同样起到显著的倒“U”形调节作用（beta = -0.004，$p<0.01$）。H2a，H2b 成立。

（三）稳健性检验

接下来将对高管过度自信与基于深度与广度的国际化速度之间关系以及高管政治网络对这一关系的影响做进一步的稳健性检验。在这一部分，借鉴以往学者做法，本书将高管过度自信的衡量变量更改为上市公司年度绩效预测与实际业绩的关系，并在此基础上对模型重新进行了实证分析。上市公司年度业绩预告包括预增、略增、续盈、扭亏四种乐观预期和预减、略减、首亏、续亏四种悲观预期。同时，上市公司多数会将其绩效预期的变动幅度同时公布。对于对企业业绩进行了乐观预估的企业，如果在样本期间，其实际业绩增长幅度低于预期，本书将其定义为过度自信，并将 *Overconfidence* 指标定义为 1，否则赋值为 0。以这个新的 *Overconfidence* 的替代变量重新对方程进行估计后，实证结果完美复制，如表 4-4 所示，表明本书结果较为稳健。

表 4-4　　稳健性检验

变量	$Speed_{dep}$			$Speed_{sco}$		
	(1)	(2)	(3)	(4)	(5)	(6)
Age	-0.094*** (-5.632)	-0.096*** (-5.731)	-0.090*** (-5.418)	-0.025 (-1.649)	-0.025 (-1.651)	-0.021 (-1.362)
Firmsize	0.108** (2.990)	0.114** (3.141)	0.111** (3.092)	0.036 (1.101)	0.036 (1.103)	0.037 (1.140)
Industry	-0.098* (-1.972)	-0.099* (-1.991)	-0.104* (-2.102)	-0.001 (-0.020)	-0.001 (-0.019)	-0.002 (-0.031)
Ownership	-0.150 (-0.701)	-0.149 (-0.692)	-0.139 (-0.651)	-0.062 (-0.323)	-0.062 (-0.322)	-0.061 (-0.310)
DOI	0.478*** (4.401)	0.480*** (4.411)	0.520*** (4.752)	-0.022 (-0.223)	-0.022 (-0.222)	0.005 (0.051)
MI	0.137*** (4.000)	0.137*** (4.020)	0.127*** (3.741)	0.007 (0.232)	0.007 (0.231)	0.000 (0.000)
Overconfidence	—	0.200+ (1.682)	0.367* (2.361)	—	0.008 (0.072)	-0.014 (-0.1001)
PN	—	—	-0.006 (-0.612)	—	—	-0.014+ (-1.701)
Overconfidence * *PN*	—	—	-0.021 (-0.462)	—	—	-0.076+ (-1.851)
PN^2	—	—	-0.001+ (-1.681)	—	—	-0.000 (-0.310)

续表

变量	$Speed_{dep}$			$Speed_{sco}$		
	(1)	(2)	(3)	(4)	(5)	(6)
Overconfidence * *PN*^2	—	—	-0.015*** (-3.421)	—	—	-0.004+ (-1.702)
_cons	1.176 (0.691)	1.022 (0.602)	1.188 (0.703)	-0.018 (-0.011)	-0.024 (-0.020)	0.018 (0.011)
N	1754	1754	1754	1754	1754	1754
F	12.031	10.669	9.590	2.932	2.509	3.162
R^2	0.048	0.049	0.068	0.012	0.012	0.024

注：括号中为 t 值。*** p<0.001，** p<0.01，* p<0.05，+ p<0.1。

五　研究启示与局限

（一）研究结论

第一，高层管理者过度自信认知偏差会导致国际化决策“机会主义倾向”，但只会促使中国企业基于深度的国际化速度增加，并不会对基于广度的国际化速度产生显著影响，从而导致企业国际化战略双元平衡度失衡，对企业长期绩效造成损害。

第二，在资源效应和信息效应的双重影响下，高层管理者所拥有的政治网络对高层管理者过度自信与基于广度的国际化速度和基于深度的国际化速度之间的关系均存在显著的先促进后遏制作用，即存在显著的倒“U”形调节作用。

（二）研究启示

首先，新兴跨国公司举世瞩目的国际化进程背后存在着高层管理者的非理性认知因素。作为跨国经营的后来者，新兴跨国公司国际化经验仍显欠缺，在吸收能力有限的前提下，由于时间压缩不经济性的存在，过快的对外直接投资可能导致绩效受损。非理性国际化决策因素的存在，也会导致企业长期陷入“开发陷阱”，危害企业长期绩效。因此，应完善企业内外治理机制，强化对管理层对外直接投资决策的激励机制和监督力度，减少因认知误差做出的决策给企业价值带来损害。

除此之外，中国目前处于经济转型期，大量资源与信息依然掌握在政府手中。企业高层管理者政治网络的建设可以帮助企业获取发展所需的各种重要的有形资源和无形资源，更重要的是，政治网络可以帮助企业提前掌握政策动态，获取东道国信息，从而使国际化决策减少机会主义倾向。

（三）研究局限

首先，本书将国际化速度分为基于深度和基于广度两种维度，并将其与组织双元理论相结合，有助于深化对国际化进程的理解。但是，本书中仅是对对外直接投资这种国际化模式数量和范围变化率的刻画，其他能够体现国际化开发和探索的指标，比如多种国际化模式及产品类型的深度与范围变化尚未涉及。本书认为，未来的国际化速度研究应该从国际化活动的更多侧面和角度入手，更加立体深入地对企业的国际化进程特征进行阐释。

其次，本书侧重分析管理者认知偏差对不同维度的国际化速度的影响，那么新兴跨国公司“加速”的国际化背后隐藏着怎样的理性管理逻辑和动机，将管理者的理性与非理性思考结合成为一个整体框架来分析其管理者认知对国际化进程的影响，这将是下一步努力的方向。

最后，由于数据获取限制，本书数据涉及时间仅限于2007—2013年，未来研究应该在此基础上将时间延展，从而更深入反映和刻画企业长期的国际化进程特征。

第二节　认知过程视角

以中国上市跨国公司国际化后速度为研究对象，基于注意力基础观的“情境—注意力—行为”的经典范式，对具有较高权力的CEO通过影响高层管理团队国际化风险注意力从而改变国际化进程决策的内部机理进行了探讨。研究结果表明：强权CEO在任期内增加投资力度是其获取利益的常见手段。同时，权力能够激发CEO行为趋近系统，从而令其更加追求快速国际化的收益而忽略风险。通过对组织活动、流程、沟通产生影响，CEO权力成为高层管理团队决策的重要组织情境从而对其注意力造成影响。强权CEO对对外直接投资的乐观情绪会降低高层管理团队国际化风险注意力。当高层管理团队将注意力较少地集中于国际化风险因素时，国际化速度也随之增加。

一　问题提出

新兴跨国公司在国际化进程上面临“外来者劣势”和“后来者劣势”的双重困境。然而，区别于西方跨国公司的渐进式国际化模式，新兴跨国公司的国际化进程呈现出显著的“加速化”特征（王益民和方宏，2018）。新兴跨国公司快速对外直接投资存在典型的“机会寻求”与“战略资产寻求”的逻辑特征（Luo & Tung，2007；Tan & Mathews，2015）。充分利用制度和文化优势，在短时间内实现快速对外直接投资，一方面，有助于新兴跨国公司获取先动优势（Chetty et al.，2014）；另一方面，由于国际化战略资源极度缺乏、管理能力相对不足的背景下，受组织学习“时间压缩不经济性”和吸收能力有限等因素的影响，新兴跨国公司将承受由于快速对外直接投资所带来的经营压力和巨大风险（Deng & Yang，2015；Vermeulen & Barkema，2002；方宏和王益民，2017）。

基于经典国际商务理论对国际化进程“连续、渐进”的理论假定（Johanson & Vahlne，1977），理论界长期对跨国公司国际化活动固有的动态本质产生无意识忽略，而大多采用截面思维对国际化进程进行思考（Jiang et al.，2014；Casillas & Moreno-Menéndez，2014）。天生国际化现象和国际新创企业的研究热潮、新兴跨国公司国际化扩张的加速化，促使学术界重新将国际化活动看成随着经验累积而不断增加其国际化承诺和海外市场参与的动态变化过程（Chetty et al.，2014）。作为衡量国际化进程特征在时间维度上变化的重要概念，国际化速度研究逐渐成为战略管理和国际商务领域的最新热点问题（Hilmersson et al.，2017；Jain et al.，2019）。

以 CEO 为核心的高层管理团队对国际化投资的风险认知是国际化战略决策的关键影响因素之一（董临萍和宋渊洋，2017）。管理者权力是在实现战略目标的过程中，对他人思想或者行为施加影响的能力，或者说，是能够利用他人实现预期目标的能力（Keltner et al.，2003），是“管理者在战略制定过程中能够发挥自身意志的能力”（Finkelstein，1992）。权力改变认知。高层管理团队在 CEO 的直接和持续影响下共同参与制定和实施关键的组织政策和战略（Carpenter et al.，2004），从而对新兴跨国公司内部流程、沟通模式以及相应政策都将产生深刻影响，构成了决策情境的关键组成部分之一（Liu et al.，2018）。

二　理论模型与研究假设

（一）CEO 权力与国际化速度

企业国际化进程由高层管理人员塑造而成（Hambrick & Mason，1984），其权力特征对新兴跨国公司国际化战略选择具有重要影响（Dutta et al.，2016）。权力能够影响高层管理者的认知结构，不仅会对高层管理者的理性认知产生巨大影响，也会对其非理性认知产生作用。本节认为，随着 CEO 权力的增加，新兴跨国公司对外直接投资的速度也将明显增加，其原因在于：

首先，伴随企业所有权与控制权的分离，股东与管理者之间存在潜在的利益分歧。高层管理者拥有的权力越多，越有能力和倾向在决策制定过程中选择符合其自身利益最大化的战略方案（Harford & Kai，2007）。委托代理理论的核心观点之一是企业高层管理者拥有构建“商业帝国”

的内在动机。尽管国际化扩张并不会对企业绩效产生确定的正向作用，在有些情况下甚至可能出现负向影响，但拥有较高决策权的高层管理者仍然具有强烈动机去实施大规模对外直接投资（Grinstein & Hribar，2004）。其原因在于，在企业内部，高层管理者可以通过对自由现金流量分配进行控制，实现降低股利派发、增加自身收益的目的。其中增加投资的力度和规模是管理者经常采用的手段之一（Jensen，1999）。通过在任期内大量开展国际化投资和跨国并购活动，高层管理者可以借此获取高额薪酬和在职消费，提升声誉，降低被撤换风险，增加与股东讨价还价的能力，有效提升职位安全度（陈震和丁忠明，2011）。由于对外直接投资的复杂程度和风险水平相对较高，CEO 需要耗费较多精力来承担，因此成为跨国公司 CEO 提升薪酬的理由（Sanders & Hambrick，2007）；另外，由于对外直接投资的时间跨度一般较长，而在投资期间更换 CEO 将对企业内部运营和外部形象都产生极大的负面影响，因此在任期内大量进行国际化扩张也能保证 CEO 的职位安全。同时，企业规模的增加是衡量现任高层管理者业绩的核心标准之一。CEO 薪酬在很大程度上由企业规模所决定（Mueller，1969），高层管理者通过扩大企业规模获取职位薪酬的潜在动机大幅度提升（Mueller，1969）。当新兴跨国公司 CEO 拥有较高的自由裁量权时，会倾向于在任期内大量快速地进行国际化扩张。

其次，权力能够激发高层管理者的认知改变。管理者进行战略决策时，存在行为趋近和行为抑制两种行为系统（Lewellyn & Muller-Kahle，2012）。当决策过程中管理者的行为趋近模式产生作用时，管理者将对方案的奖励和收益更为敏感，产生积极的能动性社会认知，更加倾向于关注决策的积极维度，而对消极性的结果产生选择性忽略；而行为抑制模式在决策过程中发挥作用时，高层管理者往往对决策方案存在消极情感、更加关注于决策方案可能产生的威胁和惩罚，具备消极的能动性社会认知。拥有权力可以明显改变管理者认知模式，权力提升能够有效激发行为趋近系统在决策中发挥作用，从而使高层管理者更关注于决策方案的积极维度。当CEO拥有较高的决策权时，在国际化战略决策过程中其行为趋近模式会被激发，从而导致高层管理者对国际化快速扩张风险有选择性地忽略，而对国际化机会的获取持明显积极态度。与此相反，如果CEO不具备较高的决策权时，CEO会对自身产生相对消极的社会认知，在对外直接投资机会出现时，CEO的行为抑制模式会被激发，因此过度关注于海外扩张活动的风险，而对国际化机会的获取持消极态度（Keltner et al.，2003）。现有研究指出，拥有较高决策权的CEO较大概率是风险偏爱者，更容易被战略方案的巨大收益所吸引，从而倾向于高风险决策方案（Lewellyn & Muller-Kahle，2012）。国际化扩张需要面对东道国与母国之间巨大且复杂的经济、制度及文化差异，具有极高的不确定性。国际化速度越快，短时间内高层管理者需要面对的环境复杂性和不确定性会快速增加，风险性就越强。因而当拥有的权力增加时，CEO对快速国际化扩张这种高风险型决策会存在更高的偏好度。鉴于以上分析，提出假设如下：

H1：CEO权力与国际化速度正相关。

（二）CEO权力与高层管理团队国际化风险注意力

拥有较高权力的CEO具有利用权力寻租影响薪酬设定过程的能力，既可以操纵自身薪酬水平（Van Essen et al.，2012；Chintrakarn et al.，2015），还可以扩大与其他高层管理者的薪酬差距，从而保证自身职位安全，获得其他管理者服从和尊重（张长征等，2008）。根据锦标赛理论的基本观点，高层管理团队成员是锦标赛中的竞争者。作为获胜者，CEO与非CEO高管之间的薪酬差距被视为赢家的奖励（Lazear & Rosen，1981）。这种基于相对业绩而非绝对业绩的激励措施，会促使非CEO管理人员投入更多精力来争取更高职位，同时，它可以在相当大的程度上调动其他高层管理者的冒险精神（Jensen et al.，2004）。薪酬差距越大，高管团队成员就越热衷于内部竞争和追求个人业绩，从而倾向于高风险、高回报的项目。在做出对外直接投资决策时，高层管理团队成员对竞争的需求意识较强，对风险也较为乐观，从而导致对国际化风险的关注程度较低，风险偏好性行为增加。

CEO 认知是高层管理团队形成战略共识的核心要素。当 CEO 对未来充满美好预期时，高层管理团队对高风险增长机会的共同偏好也在很高概率上会随之增强（Ling et al.，2008）。在组织等级中排序较高的管理者往往具有更高的资源配置权，因此排序较低的成员经常会对其表现出较高的服从程度（卫旭华等，2015）。因此当 CEO 拥有较高的权力时，其他高管团队成员会对 CEO 产生更高的信赖度，CEO 会具备更高的号召权。随着 CEO 与高管团队成员交流沟通的不断加深，CEO 认知特征将会对高管团队的整体认知产生重大影响。具有前瞻性和乐观主义精神的 CEO 会更加倾向于传达激励性信息并注重指导，借助高层管理团队成员对 CEO 的信任说服追随者重新定义决策问题，并创新性地寻找问题解决方案，接受风险和潜在的失败（Amabile et al.，2004），这有助于鼓励高层管理团队成员积极跳出固有的认知局限，提升解决问题的信心，增强高层管理团队的意愿承担风险，降低高层管理团队成员具有合理风险的国际化投资机会的规避程度（Siebert & Hills，2005）。另外，由于我国传统文化和经济发展历程的特殊性，管理者对 CEO 往往具有较高的权力感知。中国企业的第一代领导人伴随着改革大潮成长起来，在企业内部大多拥有强大的权力和威信，因此企业管理等级体系中排序较低的管理者对排序较高的 CEO 会有更高程度的依赖感、崇敬感和服从度（周虹等，2018）。当 CEO 权力得到提升的时候，高层管理团队成员将更愿意放弃自身原有意见而去接受 CEO 的观点，从而使高层管理团队决策结果更倾向于体现 CEO 个人认知。鉴于以上分析，提出假设如下：

H2：CEO 权力与高层管理团队国际化风险注意力负相关。

（三）高层管理团队国际化风险注意力与国际化速度

战略决策取决于对战略项目未来效益和风险的判断，而对战略效益和风险的评价直接受到高层管理者认知的影响。对外直接投资是跨国公司获取市场、技术、管理等战略性资源以及土地、劳动力、自然资源等其他生产要素的重要途径。跨国公司在获得海外市场重要发展机遇的同时，也面临着来自东道国政治、经济、文化、产业和市场的各种风险和威胁（Child & Rodrigues，2005；Dunning，1998；Rui & Yip，2008）。随着对外直接投资活动的开展，大量国际化信息流入企业。高层管理团队认知能力和信息处理能力的局限性决定了其注意力的局限性和稀缺性。随着信息递减和管理者对信息的过滤筛选，只有部分国际化信息可以占据高层管理团队的主导意识并成为决策的基础（Fiske & Taylor，2013）。

管理者决策的成败很大程度上取决于其注意力的方向和有效性。注意力基础观指出，国际化战略决策依赖于高层管理团队的注意力分配。如果高层管理团队更多地关注东道国的政治风险、经济动荡、政策不稳定、市场低迷、文化和地理差异以及市场竞争等风险因素，那么在其对国际化议题及解决方案的觉察、编码、解释过程中，会更加重视对国际化风险的评估，表现出较高程度的谨慎性（吴建祖和关斌，2015），新兴跨国公司在单位时间内的对外直接投资速度将随之下降；相反，如果高层管理团队在接收到海外投资信号时对国际风险因素并未表现出较高程度的注意，而是更加关注于投资回报、自然资源、市场回报、优惠政策以及其他海外投资可能带来的收益时，那么国际化风险在决策中的重要性将大幅度降低，机会和收益的重要性将明显增加，并以此对国际化各个议题进行解释与选择。快速国际化要求新兴跨国公司具有高度的风险承受能力（许晖和郭净，2013）。对国际化风险的关注度越低，高层管理团队在海外决策中的风险承担水平就越高，从而对海外投资机会做出快速反应，导致国际化速度在特定时期迅速加快。鉴于以上分析，提出假设如下：

H3：高层管理团队国际化风险注意力与国际化速度负相关。

（四）高层管理团队国际化风险注意力的中介作用

组织内部的权力分配是影响高层管理团队认知的重要情境因素（李

金早和许晓明，2008）。组织所赋予的权力为CEO提供了改变高管团队运作流程的机会。作为高层管理团队的领导者，CEO在指导、协调、整合和激励高层管理团队成员以及向高层管理团队成员委派职责方面发挥着重要的作用（Simsek et al.，2005；Buyl et al.，2014）。CEO权力构成了高层管理团队在工作场所的直接社会环境。权力强度越高，意味着CEO越有能力对企业资源进行配置和整合，CEO可以实现对高层管理团队工作的规章制度、组织流程和沟通模式等环节产生关键影响，从而将其个体认知（如态度、价值观等）烙印在组织运作过程上，推动高层管理团队运作流程成为CEO个体认知特征的反映（Marquis & Tilcsik，2013；Simsek et al.，2017）。高层管理团队成员与CEO的互动频率和强度很高，并在CEO的持续和直接影响下制定和实施关键的战略方案。实际上，CEO权力形成的组织环境在一定程度上影响和限制了高层管理团队对国际化投资活动的认知，当CEO对国际化扩张表现出不同程度的风险偏好时，会导致高层管理团队在国际化风险上的关注程度差异，进而导致对国际化投资项目的风险承担水平差异，从而表现出截然不同的国际化进程特征。CEO拥有的权力越大，其对国际化扩张的乐观态度越显著，高层管理团队对国际化风险的注意力配置会随之降低，风险承担水平有效提升，从而在特定时间内增加海外投资的风险性项目数量，新兴跨国公司的国际化扩张速度将随之增加；相反，当CEO拥有的权力越小时，其对国际化扩张的谨慎态度会更加显著，高层管理团队对各类国际化风险的注意力配置将相应提高，风险承担意愿将随之降低，对待海外投资的风险性项目的态度会更加谨慎，新兴跨国公司的国际化速度也会随之降低。高层管理团队对国际化风险的关注和为实现企业绩效而选择风险性项目的倾向，成为解释CEO权力特征与新兴跨国公司国际化进程特征的重要内部机制（Liu，2018）。鉴于以上分析，提出假设如下：

H4：高层管理团队国际化风险注意力是CEO权力与国际化速度关系机制中的中介变量。

研究框架如图 4-2 所示：

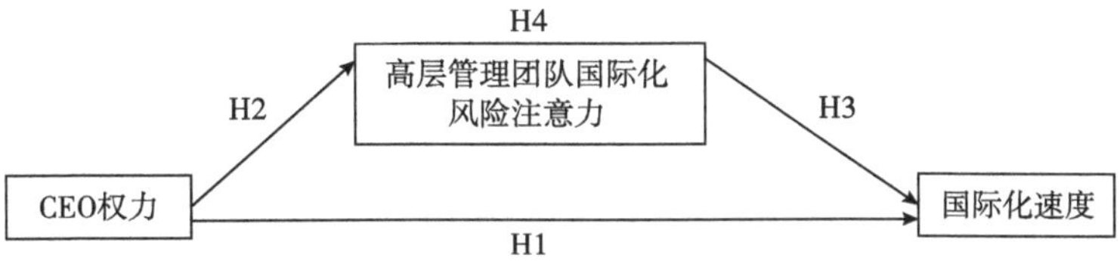

图 4-2　研究框架

三　研究设计

（一）样本选取

基于巨潮资讯网中国上市公司年度报告资源和国泰安上市公司数据库，对 2008—2015 年度范围内在上海与深圳证券交易所发行 A 股挂牌上市的中国上市公司相关数据进行了人工搜集整理、数据挖掘。由于国泰安数据库中有关高管的相关信息从 2008 年开始才相对完备，因此样本初始年份确定为 2008 年。在对样本进行选择和核对时，依据的标准有：(1)研究对象为具有国际化行为的中国上市公司，其确定标准为在 2008—2015 年间存在海外销售收入；(2)由于金融行业国际化行为具有特殊性，本节样本不包含所有金融类企业，包括货币金融服务，资本市场服务，保险业，其他金融业等（行业代码范围为 J66—J69）；(3)由于数据计算复杂且获取难度较高，部分上市公司样本数据缺失严重，因此将这一部分企业样本予以删除；(4)由于本节的研究对象是中国跨国公司国际化后的速度，并不涉及“首次国际化”“海外撤资”以及“未国际化”等海外市场进入退出行为，为了对中国上市公司国际化行为在一个较长时间段内的变化规律进行探讨，选取 2008—2013 年间持续 8 年均具有海外销售收入的上市公司作为分析样本，最终得到由 253 家上市公司构成的共

2024个样本量的平衡面板数据。

（二）数据来源

国际化战略相关变量主要通过国泰安数据库以及手动翻阅与整理上市公司年报而得到。CEO及高层管理团队相关变量主要通过CSMAR数据库、企业官方网站以及新浪财经、凤凰财经等财经类网站收集，并在此基础上根据以往研究自行计算得出。缺失数据主要通过上市公司年报、公司网站等渠道进行补充，并对所收集数据进行交叉比对，当数据出现不一致时，以年报为准。

（三）变量测量

1. 被解释变量

国际化速度（*Speed*）。前期国际化速度研究大多采用海外分支机构数、海外资产比例、海外销售比例等指标来对国际化程度进行刻画（Kuivalainen et al.，2007）。鉴于本书的研究目的和数据可获得性，本节将选取海外销售收入比例（FSTS）的变动率对国际化速度进行测量。

2. 解释变量

CEO权力（*CEOPower*）。借鉴权小峰等（2010）的衡量体系，本节将CEO权力按照四个维度进行测量：

第一，所有制权力。当CEO拥有企业股权时，能够获得企业所有者和管理者的双重身份。这种身份在与董事会相抗衡，保证自身职位安全性以及提升重大决策的控制权方面会更加具备优势。借鉴以往研究，本节选取公司持股（*Share_hold*）以及机构投资者比例（*Inves_ins*）两个虚拟变量对所有制权力进行测量。如果跨国公司CEO持有公司股权，则公司持股变量赋值为1，否则赋值为0；而当机构投资者比例低于行业中位数时，那么机构投资者比例变量赋值为1，否则赋值为0。

第二，组织权力。组织权力是指以完成组织目标为前提，高层管理者对其他人实施影响的能力，这一能力是由组织科层制结构所赋予的。组织权力是CEO调动下属以及支配资源的能力。当CEO兼任董事长或者内部董事时，董事会对高层管理者的监管作用将明显削弱，由此造成高层管理者权力显著增加（Hayward & Hambrick，1997）。因此，本节选取两职合一（*Dual*）和兼任内部董事（*Dire_in*）两个虚拟指标对组织权力进行测量。当 CEO 和董事长两职合一时，两职合一变量则赋值为 1，否则赋值为 0；当 CEO 在企业董事会兼任内部董事时，兼任内部董事变量则赋值为 1，否则赋值为 0。

第三，专家权力。如果 CEO 对跨国公司内部流程熟悉度较高，能够掌握更多更广泛地与企业相关的知识和信息，那么 CEO 将在董事会中更加具备话语权。鉴于以往研究，本书选取高职称（*Profe_title*）和任职时间（*Tenure*）两个指标对专家权力进行测量。当 CEO 具有专业领域高级职称时，高职称变量赋值为 1，否则赋值为 0；当 CEO 任职时间高于行业中位数时，任职时间变量赋值为 1，否则赋值为 0。

第四，声誉权力。具有良好声望和信誉的 CEO 往往能够为跨国公司获得更丰富更广泛的外部支持，因此更有能力应对外部环境的不确定性。借鉴以往研究，本节选取高学历（*Educa tion*）和企业外兼职（*PT*）对 CEO 声誉权力进行测量。高学历和企业外兼职往往意味着 CEO 具有较高的可信赖程度，在企业外拥有良好声誉，从而可以为争取外部资源提供便利。因此，当 CEO 具有硕士及以上学历时，将高学历变量赋值为 1；当 CEO 在企业外机构兼职时，将企业外兼职变量赋值为 1，否则赋值为 0。

借鉴以往研究，本节对上述指标进行主成分分析，在进行 KMO 和巴特利特球形度检验后，KMO = 0. 579，巴特利特球形度检验 $p = 0.000 < 0.01$，因此上述变量可以采用主成分分析法。将上述指标体系进行主成分分析得到其综合变量作为 CEO 权力的代理变量并将其代入回归模型，并将 CEO 权力测量指标的平均值作为 CEO 权力的代理变量代入稳健性分析。所有数据均来源于国泰安数据库，具体衡量指标如表 4-5 所示。

表 4-5　　CEO 权力各维度衡量指标①

权力类别	指标名称	指标符号	指标衡量
所有制权力	公司持股	*Share_hold*	是否持有本公司股权，是则赋值为 1，否则赋值为 0
	机构投资者比例	*Inves_ins*	机构投资者比例是否低于行业中位数，是则赋值为 1，否则赋值为 0
组织权力	两职合一	*Dual*	是否二值合一，是则赋值为 1，否则赋值为 0
	兼任内部董事	*Dire_in*	是否公司内部董事，是则赋值为 1，否则赋值为 0
专家权力	高职称	*Profe_title*	是否具有高级职称，是则赋值为 1，否则赋值为 0
	任职时间	*Tenure*	任职时间是否高于行业中位数，是则赋值为 1，否则赋值为 0
声誉权力	高学历	*Education*	是否具有硕士及以上学历，是则赋值为 1，否则赋值为 0
	企业外兼职	*PT*	是否有企业外兼职，是则赋值为 1，否则赋值为 0

3. 中介变量

高层管理团队国际风险注意力（*Riskattention*）。高层管理者注意力配置差异会导致截然不同的战略选择（Ocasio，1997）。在现有研究中，管理者注意力配置最常用的测量方法有三种，分别是文本分析法（吴建祖和关斌，2015）、问卷调查法（许晖和郭净，2013）以及案例研究法（Ocasio & Joseph，2005）。

文本分析法能够有效增加管理者注意力配置的研究范围，促进实证研究的客观性和精确性。同时，由于本书的样本数据类型为二手数据，因此本节采用文本分析法对高层管理团队国际化风险注意力强度进行测量，其具体操作思想是语言是个体认知特征的具体体现，因此在确定管理者注意力配置的研究内容和主要维度之后，通过专家评议法选取关键词。在此基础上，搜集样本企业相关文档进行文本分析，得出关键词出

① 权小峰、吴世农：《CEO 权力强度、信息披露质量与公司业绩的波动性——基于深交所上市公司的实证研究》，《南开管理评论》2010 年第 4 期。

现的频数或比重，从而得出相应内容的注意力配置强度。关键词出现的频数或比重越多，说明高层管理者对相应内容的注意力配置越高；而关键词出现的频数或比重越少，则说明高层管理对相应内容的注意力配置越低。国外实证研究中，大多采用“致股东的信”作为高层管理者注意力配置的分析依据。但是基于中国上市公司在信息披露方面的具体要求，国内研究难以获取此类数据。上市公司年报是企业重要议题的集中展示，是经过高层管理团队认真思考并做出的有选择性地信息披露，能够比较充分地体现出上市公司的战略意图和高层管理团队的心理认知（吴建祖和关斌，2015）。基于数据可获得性限制，借鉴国内相关研究，本节采用上市公司年报中的“董事会报告”部分（2015 年调整为上市公司年报第四部分“管理层讨论与分析”）作为测量高层管理团队注意力配置的文本基础（吴建祖和赵迎，2016）。

该指标的具体计算过程是：

第一步，将样本企业的上市公司年报转换为 WORD 格式，将“董事会报告”部分（2015 年调整为上市公司年报第四部分“管理层讨论与分析”）进行合并，在此基础上对汇总文档运用 R 语言进行中文分词。接着，由两位相关专业人员将无关的虚词、副词、数量词、连接词、词频过低（5%及以下）以及其他与国际化风险明显无关的词汇进行初步筛选之后，将分词结果分别交于六位国际商务管理和战略管理领域的专业人员，由选定专家对词语进行主观分类后，选出与国际化风险注意力密切相关的词汇。在各位专家对词语进行分类和选取的整个执行过程中，专家工作完全彼此独立完成。

第二步，将专家筛选后的词汇结果进行汇总，在得到半数以上专家认可后，该词汇可以被列入初步关键词。这一过程中，有 19 个词汇被列入初步关键词的范围。接下来由所有专家们对初步关键词与国际化风险注意力的相关程度进行讨论并背靠背打分，以保证选择结果的有效性和独立性。根据初步关键词的最终得分情况和词频数，本书确定出分别是动荡、局势、政治、趋势、下滑、萎缩、下行、危机、波动、风险、竞争以及对手共 12 个与国际化风险注意力密切相关的词语，并将其划分到不同维度，如表 4-6 所示。

表 4-6　　国际化风险注意力关键词列表

国际化风险注意力维度	关键词	具体语境
政治风险	动荡	国际动荡、形势动荡、经济动荡
	局势	全球局势、海外局势、国际局势
	政治	政治风险、国际政治、政治博弈
政策风险	趋势	政策趋势、投资趋势
经济风险	下滑	市场下滑、利润下滑、盈利下滑
	萎缩	海外市场萎缩、经济萎缩、需求萎缩
	下行	需求下行、经济下行
	危机	金融危机、次贷危机、经济危机、全球性危机、政治危机
市场风险	波动	汇率波动、价格波动、利率波动、市场波动
	风险	市场风险、信用风险、经营风险
竞争风险	竞争	全球竞争、国际竞争、市场竞争、竞争力、行业竞争
	对手	竞争对手、对手企业

第三步，利用 Nvivo 软件，分别对每个上市公司每年的“董事会报告”或“管理层讨论与分析”部分进行编码，在编码过程中需要专家们认真识别并排除词汇出现歧义的语境。然后，将某一关键词所在的句子数与整篇文档的句子数总相除，得到的比值即可确定为该关键词的国际化风险注意力取值。

最后一步，将每个上市公司每年的 12 个国际化风险注意力的关键词取值进行求和，最终得到每个上市公司每年的国际化风险注意力取值。

4. 控制变量

本书的控制变量主要包括：

企业年龄（*Firm_age*）：本节将企业已创建年限作为企业年龄的代理变量，即从成立之日起至测量期年底所跨越的时间进行测量，测量单位为年份。

企业规模（*Firm_size*）：经典国际化理论认为，跨国公司需要逐渐积累国际化经验，在发展壮大之后才能进行更深程度的国际化活动。即使国际新创企业或者天生国际化现象的蓬勃发展，证明了在条件适宜时小规模企业也可以进行快速国际化。但是企业规模是跨国公司实力的具体表现之一，对企业的战略定位有关键影响，而不同规模跨国公司的国际化模式及进程具有完全不同的特征。本节采取企业员工总数的自然对数作为企业规模的代理变量。

国有股比例（*SST*）：国有企业往往具有双重使命，在经济利益之外同时承担着政治任务，而且对于新兴跨国公司而言，不同企业性质的跨国公司在国际化进程中所面临的国际化环境、资源能力以及信息获取都有明显差异。因此，借鉴以往研究，本节将对跨国公司的国有股比例进行控制，以便减少由于企业性质而造成的实证结果差异，其测量公式为国有股权数与总股数的比值。

冗余资源（*Slack*）：企业冗余资源是国际化战略顺利实施的保证，是“加速化”国际化扩张模式的资源前提。借鉴以往研究，将资产负债率作为企业冗余资源的代理变量，加入模型进行控制。

国际化程度（*DOI*）：国际化程度代表着企业国际化经验和知识的积累，反映的是企业经营活动的海外依赖性，往往采用企业海外销售承诺作为测量标准。因此，在参考前人研究的基础上，本节采用跨国公司的海外销售收入比例占企业总销售收入比例对国际化程度进行测量。

国际化深度（*Foreign_subsi*）：国际化深度所反映的是国际化企业的海外经营强度和资源承诺。借鉴以往研究，本节使用跨国公司所拥有的海外机构数量对国际化深度进行测量。

设置行业和年份哑变量来控制行业效应和时间效应。

关键变量定义及来源如表 4-7 所示。

表 4-7　关键变量定义及来源

变量类型	变量名称	变量符号	变量定义与计算方式	变量来源
控制变量	企业年龄	*Firm_age*	企业自创立至今的时间（以年为单位）	CSMAR
	企业规模	*Firm_size*	企业员工人数的自然对数	CSMAR
	国有股比例	*SST*	国有股股数占总股本比例	CSMAR
	冗余资源	*Slack*	资产负债率（总负债/总资产）	CSMAR
	国际化程度	*DOI*	海外销售收入占总收入比例	CSMAR
	国际化深度	*Foreign_Subsi*	海外直接投资数量	上市公司年报
解释变量	CEO 权力	*CEOPower*	结构权力、专家权力、所有制权力、声誉权力四种类型权力的八个指标的算术平均值	基础数据来源于 CSMAR
中介变量	高层管理团队国际风险注意力	*Riskattention*	董事会报告中涉及国际化风险关键词的句子数占所有句子数的比例	上市公司年报
被解释变量	国际化速度	*Speed*	海外销售收入比例变动比率	上市公司年报

（四）模型构建

本节利用 Baron 和 Kenny（1986）提出的因果逐步回归法对中介机制进行检验：首先，将控制变量和解释变量依次加入回归方程，如果回归系数 c 显著，证明主效应存在；其次，将解释变量对中介变量的影响效应关系进行回归分析，如果回归系数 a 显著，则说明解释变量对中介变量具有显著影响；最后，将解释变量和中介变量同时带入回归模型，中介变量回归系数 b 应当显著，同时解释变量回归系数 c' 不显著或者显著减少。中介变量回归系数 b 显著，表明中介机制存在。同时，如果回归系数 c' 不再显著，则存在完全中介；如果回归系数 c' 显著减少，则存在部分中介。最后本书利用 SOBEL test 对模型的中介效应进行精准检验。

为了考察 CEO 权力与国际化速度之间的关系，本节设定研究模型为：

$$Speed_{i,t}=\beta_0+\beta_1 CEOPower_{i,t}+\beta_2 C_{i,t}+\epsilon_{i,t} \quad (4—7)$$

为检验 CEO 权力与高层管理团队国际化风险注意力之间的关系，本节设定研究模型为：

$$Riskattention_{i,t}=\beta_0+\beta_1 CEOPower_{i,t}+\beta_2 C_{i,t}+\epsilon_{i,t} \quad (4—8)$$

为检验高层管理团队国际化风险注意力与国际化速度之间的关系，本节设定研究模型为：

$$Speed_{i,t}=\beta_0+\beta_1 Riskattention_{i,t}+\beta_2 C_{i,t}+\epsilon_{i,t} \quad (4—9)$$

为检验高层管理团队国际化风险注意力在 CEO 权力与国际化速度之间的中介机制，本节设定研究模型为：

$$Speed_{i,t}=\beta_0+\beta_1 Speed_{i,t}+\beta_2 Riskattention_{i,t}+\beta_3 C_{i,t}+\epsilon_{i,t} \quad (4—10)$$

上述各模型中，i 表示横截面个体企业；t 表示时间，用年份表示；C 表示控制变量；β_0 为截距项；β_i（i，2，3，……）代表模型中各变量回归系数；ε_{it} 为随机干扰项。由于本节的企业样本为 253 家，时间跨度涵盖 2008—2015 年共计 8 年数据，属于短面板数据，并不需要进行单位根检验。所有模型在经 Hausman 模型检验后，P 值均为零，即拒绝原假设，因此选择固定效应模型进行估计。

四　数据分析和结果

（一）检验结果

本节选用 Stata 15.0 对模型进行数据分析。表 4-8 为模型中主要变量描述统计分析及相关系数矩阵。如表 4-8 所示，所有控制变量、解释变量、中介变量之间的相关系数均较低。*VIF* 值为 1.07，远小于临界值 10。由此可见各变量之间并不存在严重的多重共线性问题，可以进行多元线性回归。

表 4-8　　描述性统计及相关系数矩阵

变量	1	2	3	4	5	6	7	8	9
1. *Speed*	1								
2. *SST*	-0.022	1							
3. *Firm_age*	-0.010	-0.151*	1						
4. *Firm_size*	-0.000	0.042	-0.053*	1					
5. *Slack*	0.031	0.062*	0.171*	0.062*	1				
6. *DOI*	-0.028	-0.101*	-0.062*	-0.081*	-0.190*	1			
7. *Foreign_subsi*	-0.000	-0.061*	-0.022	0.051*	0.011*	0.100*	1		
8. *CEOPower*	0.028	-0.179*	0.010	0.119*	-0.072*	0.061*	0.122*	1	
9. *Riskattention*	-0.061*	-0.011	0.153*	0.062*	0.122*	-0.000	0.081*	0.110*	1
Mean	0.142	0.083	5702	4.772	0.518	0.268	2.191	0.452	0.221
S. D	1.451	0.171	1760	2.201	0.229	0.259	7.192	0.201	0.102

注：Pearson 系数；* $p<0.05$。

表 4-9 给出了实证分析结果。其中，模型 1 考察的是控制变量对国际化速度的影响。模型 2 考察的是 CEO 权力对国际化速度的影响。实证检验结果显示，CEO 权力对中国企业国际化速度存在显著正相关关系（beta=0.110，$p<0.05$）。这证明 CEO 权力的增加会促进企业国际化速度，H1 得到验证。

模型 3 考察的是 CEO 权力对高层管理团队国际化风险注意力的影响。根据检验结果显示，CEO 权力与高层管理团队国际化风险注意力显著负相关（beta=-0.091，$p<0.01$），即 CEO 权力强度越大，高层管理团队越不关注国际化风险，H2 得到验证。

模型 4 考察的是高层管理团队国际化风险注意力对国际化速度的影响；根据检验结果显示，高层管理团队国际化风险注意力与国际化速度显著负相关（beta=-0.090，$p<0.05$），即高层管理团队对国际化风险越不关注，则国际化速度越快，H3 得到验证。

模型 5 考察的是高层管理团队国际化风险注意力在 CEO 权力与国际化速度之间的中介作用。实证结果显示，高层管理团队国际化风险注意力对国际化速度的系数显著（beta=−0. 083，$p<0.05$），且 CEO 权力对于国际化速度的系数虽然仍然显著（beta=0. 100，$p<0.05$），但系数明显降低（9. 1%），说明高层管理团队国际化风险注意力部分中介了 CEO 权力与企业国际化速度之间的关系。H4 得到验证。

表 4-9　　　　实证分析结果

变量	国际化速度	国际化速度	风险注意力	国际化速度	国际化速度
	模型 1	模型 2	模型 3	模型 4	模型 5
Firm_age	−0. 031 (−0. 491)	−0. 052 (−0. 769)	0. 491*** (10. 392)	0. 012 (0. 143)	−0. 013 (−0. 142)
Firm_size	−0. 012 (−0. 020)	−0. 041 (−0. 131)	−0. 042 (−0. 192)	−0. 011 (−0. 043)	−0. 042 (−0. 141)
SST	−0. 091* (−2. 281)	−0. 082+ (−1. 882)	0. 132*** (4. 422)	−0. 083+ (−1. 941)	−0. 069 (−1. 592)
Slack	0. 052 (0. 821)	0. 051 (0. 778)	0. 063 (1. 321)	0. 051 (0. 900)	0. 050 (0. 872)
Foreign_subsi	0. 000 (0. 010)	0. 000 (0. 010)	0. 070 (1. 161)	0. 011 (0. 072)	0. 012 (0. 071)
DOI	0. 383*** (4. 848)	0. 382*** (4. 859)	0. 072 (1. 331)	0. 381*** (4. 922)	0. 380*** (4. 921)
CEOPower		0. 110* (2. 212)	−0. 091** (−2. 801)		0. 100* (2. 072)
Riskattention				−0. 090* (−2. 341)	−0. 083* (−2. 202)
_cons	−0. 022 (−0. 421)	−0. 022 (−0. 528)	−0. 041 (−1. 427)	−0. 020 (−0. 489)	−0. 020 (−0. 591)
F	5. 081	5. 072	19. 491	5. 150	5. 052
R^2	0. 020	0. 021	0. 091	0. 030	0. 030

注：括号中为 t 值。*** $p<0.001$，** $p<0.01$，* $p<0.05$，+ $p<0.1$。

同时，对上述中介效应进行 SOBEL 检验之后，实证结果再次证明了这一路径显著成立（$Z=2.014$，$p<0.05$），具体数据如表 4-10 所示。

表 4-10　　SOBEL 检验

直接路径	中介路径	路径影响系数	Z 统计值
CEO 权力→国际化速度	CEO 权力→高层管理团队国际化风险注意力→国际化速度	0. 186	2. 014

（二）稳健性检验

本节进行了如下稳健性检验：

检验一：将 CEO 权力的八个指标取平均值以获取 CEO 权力综合变量来重新定义 CEO 权力，并代入回归模型。结果基本保持一致，且通过了 SOBEL 检验。具体实证结果如表 4-11 和表 4-12 所示。研究结论较为稳健。

表 4-11　　稳健性分析

变量	国际化速度	国际化速度	风险注意力	国际化速度	国际化速度
	模型 1	模型 2	模型 3	模型 4	模型 5
Firm_age	-0. 032 (-0. 491)	-0. 052 (-0. 683)	0. 491*** (10. 261)	0. 010 (0. 142)	-0. 000 (-0. 050)
Firm_size	-0. 010 (-0. 022)	-0. 030 (-0. 112)	-0. 050 (-0. 243)	-0. 011 (-0. 041)	-0. 031 (-0. 120)
SST	-0. 091* (-2. 281)	-0. 091* (-2. 192)	0. 142*** (4. 850)	-0. 083† (-1. 938)	-0. 082† (-1. 869)
Slack	0. 051 (0. 822)	0. 052 (0. 773)	0. 061 (1. 332)	0. 050 (0. 901)	0. 050 (0. 862)
Foreign_subsi	0. 000 (0. 010)	0. 000 (0. 010)	0. 071 (1. 162)	0. 012 (0. 071)	0. 010 (0. 071)

续表

变量	国际化速度	国际化速度	风险注意力	国际化速度	国际化速度
	模型 1	模型 2	模型 3	模型 4	模型 5
DOI	0.382 *** (4.851)	0.372 *** (4.812)	0.071 (1.368)	0.383 *** (4.919)	0.383 *** (4.881)
CEOPower		0.091+ (1.858)	-0.072 * (-2.031)		0.082+ (1.759)
Riskattention				-0.091 * (-2.342)	-0.092 * (-2.253)
_cons	-0.021 (-0.421)	-0.021 (-0.482)	-0.042 (-1.501)	-0.020 (-0.493)	-0.021 (-0.541)
F	5.081	4.862	18.913	5.152	4.901
R^2	0.021	0.022	0.092	0.030	0.031
VIF	1.052	1.063	1.064	1.053	1.072

注：括号中为 t 值。*** p<0.001，** p<0.01，* p<0.05，+ p<0.1。

表 4-12　　　　稳健性分析的 SOBEL 检验

直接路径	中介路径	路径影响系数	*Z* 统计值
CEO 权力→ 国际化速度	CEO 权力→高层管理团队 国际化风险注意力→国际化速度	0.236	2.061

检验二：采用海外分支机构数量的变动率对国际化速度重新进行定义，回归模型的实证结果基本保持一致，但中介效应变为弱显著。可能存在的原因是：A. 年报中海外分支机构的数据存在缺失；B. 对外直接投资具有高度不确定性。尽管 CEO 强权的组织情境能够显著降低高层管理团队对于国际化扩张的风险敏感性，但是另一方面在单位时间内进入到更多的海外市场，各市场“外来者劣势”的差异以及同时兼顾不同新市场对管理者经验、精力和能力的高要求都会为高层管理者带来挑战和风险，从而可能会超出管理者损失临界点，而威胁其职位安全和个人声誉。

正如某些学者的观点，在面对高度不确定性时，出于管理防御的目的和对个人声誉的考虑，高层管理者可能会在战略决策中同时出现风险规避倾向。这说明，高层管理团队国际化风险注意力对于 CEO 权力和国际化速度之间的中介效应是存在边界的。探寻这一中介效应的边界条件并非本节的研究内容，但却将是一个很有趣的研究方向。

检验三：采用总资产的自然对数来重新定义企业规模，代入回归模型重新进行估计。结果完全保持一致。再次证明本节结论具有较高的稳健性。

五　研究启示与局限

（一）研究结论

第一，CEO 权力的增加会促进国际化速度的增加。CEO 具有构建“商业帝国”的内在动机。在其任期范围内增加投资力度和规模是其增加自身收益、提高职业声誉、保证职位安全、增强与董事会的谈判能力的常见手段之一。除此之外，权力会改变个体的心理认知。具有强权的 CEO 决策自由度更高，更容易被风险项目的巨大收益所吸引，从而倾向于采取高风险决策行为。

第二，高层管理团队国际化风险注意力是 CEO 权力与国际化速度之间的重要中介机制。CEO 拥有的权力越高，行为趋近系统越容易被激发，表现为更加关注国际化机会的及时把握，而忽略其风险，从而对企业的国际化扩张表现出积极态度。这种态度会体现在 CEO 与高层管理团队的各项流程与沟通环节上，从而形成能够影响高层管理团队注意力配置的重要组织情境。CEO 权力增强带来的对国际化扩张的乐观情绪会直接导致高层管理团队国际化风险注意力的降低。同时，高层管理团队在国际化风险上的注意力配置越多，其战略选择的风险承担水平越低，越倾向于风险性较低的行动方案，从而减少海外投资项目，降低企业国际化扩张速度；反之，高层管理团队在国际化风险上的注意力配置强度越低，其战略选择的风险承担水平越高，越倾向于风险性较高的行动方案，从而增加海外投资项目，促使新兴跨国公司国际化速度快速增加。

（二）研究启示

第一，CEO 权力因决策内容差异会对组织效率产生截然不同的影响。委托代理理论长期存在“拥有权力会导致风险规避”的假设（Jensen & Meckling，1976）。但后来随着研究的深入，学者发现拥有权力的 CEO 在一定情境下反而会表现出风险偏好的特征（Sanders & Hambrick，2007）。本节的结论证实了后一观点。在我国第一代企业领导人即将面临全面退休，新任领导者大规模上任的背景下，不能对 CEO 权力“一刀切”地认定其风险倾向。完善企业内部治理，增加股权多元化力度，提高信息环境透明度，建立风险评估机制，才能在有效调动 CEO 积极性的同时，降低 CEO 权力带来的非理性认知因素对企业绩效的负面影响。

第二，本节验证了高层管理团队国际化风险注意力在 CEO 权力与国际化速度之间的中介作用。此发现为有效引导企业国际化投资速度提供了可能。高层管理团队认知对战略选择具有重要影响。通过 CEO 权力特征可以预示出高层管理团队的风险注意力配置，从而在企业制定国际化战略时制定相匹配的风险评估机制。在 CEO 权力较大的企业，企业的风险评估谨慎度要加强，在 CEO 权力薄弱的企业，企业的风险评估谨慎度可以适当减弱，从而降低由于 CEO 权力对高层管理团队认知产生作用，并进而做出激进、高风险国际化投资决策的可能。

（三）研究局限

首先，本节实证样本数据时间跨度为 8 年，不足以刻画出新兴跨国公司国际化扩张的完整路径。如果后续研究能够对这一问题持续追踪，将能为处于不同发展阶段的新兴跨国公司提供更多更有价值的有关国际化战略选择的结论。

其次，现实中国际化进程极具复杂性。时间维度，国际化速度会出现逆转，甚至去国际化（Kuivalainen et al.，2012）。区域维度，快速的国际化扩张可能集中于制度距离较近的国家或地区，缓慢的国际化扩张可能集中于制度距离较远的国家或地区。即使速度都很快的国际化扩张，也有扩张区域的区别。这类复杂但有趣的国际化扩张特征难以用二手数据进行分析。质性研究方法应该成为未来研究国际化进程特征的重要工具。

最后，注意力研究相对较少，测量难度很大，在使用二手数据进行的文本分析中难以避免会存在主观因素。为了进一步提高注意力测量的精确度，在未来的研究中应结合心理学研究加大量表开发的力度，为注意力的深入研究铺平道路。

第三节　结论与讨论

“天生国际化”或者“国际新创企业”现象的出现以及新兴经济体跨国公司国际化进程中所体现出来的明显的“加速化”倾向，对传统的渐进式国际化阶段理论提出了挑战。管理者认知是国际化战略的重要影响因素，但目前鲜有研究涉及管理者认知偏差、认知过程以及认知演变等因素对新兴经济体跨国公司国际化进程产生影响的内部机制。

首先，结合管理者认知理论、过度自信理论以及网络理论，本章运用中国沪深两市 A 股上市公司 2007—2013 年纵贯数据，以高层管理者为分析对象，深入探讨过度自信认知偏差对新兴跨国公司不同维度国际化速度的影响，并进而考察在高管具备政治网络的情境下该影响机制的变化情况，有助于细致深入地对新兴跨国公司国际化进程特征以及其背后的高管认知偏差进行深入探究，响应了战略管理领域“从组织层面现象进行个体微观研究”的呼吁。

其次，基于注意力基础观“组织情境—注意力配置—决策行为”经典范式，以我国具有国际化行为的上市公司为样本构建高层管理团队国际化风险注意力在 CEO 权力与国际化速度之间的中介作用模型，从认知过程视角解释了在中国特殊的制度和文化背景下，CEO 权力是否以及如何促进“激进式”海外扩张模式，实现对新兴跨国公司快速国际扩张现象更为系统深刻的理论解释。

第五章　管理者认知对新兴跨国公司国际化节奏的影响研究

第一节　认知结构视角

管理者认知存在显著性别差异。随着跨国公司中女性 CEO 比例的进一步提高，性别认知差异在跨国公司国际化决策中的影响日益突出。管理者认知通过信息筛选、解释等环节对国际化战略决策产生显著影响，然而现有研究却忽略了从管理者认知视角对国际化战略选择的决策者性别差异展开研究。事实上，战略的制定不仅与制度、产业、网络等外部环境因素有关，更为核心的是决策制定者的认知对战略制定有着举足轻重的作用。即使面临同样的战略情境，不同的认知亦会产生截然不同的战略选择（Powell et al.，2011）。

一　问题提出

自我国政府提出“走出去”政策和“一带一路”倡议以来，中国跨国公司更深层次地嵌入到国际市场。与经典国际化进程理论不同，新兴跨国公司的海外扩张节奏并未遵循传统的渐进式发展路径，而是呈现出典型的“战略跳跃”式发展模式，具有显著的“机会主义寻求”特征（Lyles et al.，2014）。国际化进程的规律性是关系跨国公司国际化风险及绩效的重要因素。对海外市场进行充分探索与评估，保持适度灵活的国际化扩张模式，以便企业能够在面临机会或威胁时作出反应，这种能力对新兴跨国公司而言十分重要（Lin，2012）。但是，政策驱动下的“机会主义”海外扩张倾向将导致跨国公司以不规律的、即兴的模式扩张。由于“时间压缩不经济性”的存在，新兴跨国公司将因此承担由于国际化战略资源欠缺、合规经营意识薄弱、管理能力不足等因素所带来的巨大风险，从而可能对企业绩效产生负面影响（周荷晖等，2019）。尤其随着近年来单边主义和贸易保护主义抬头、贸易摩擦加剧，新冠疫情肆虐，全球投资环境愈加复杂，新兴跨国公司海外扩张行为应更趋理性。

外部环境具有高度不确定性时，聘任女性 CEO 成为企业的常见选择（徐高彦等，2020；Elsaid & Ursel，2018）。前期研究认为，相对于男性高管，女性高管风险规避意识更加强烈，过度自信程度较低，危机防御能力较强，经营风格相对稳健（Faccio et al.，2016），尤其是在经济下行时期能够更好地保证企业生存及业绩持续（Khan & Vieito，2013）。对于具有较高不确定性的国际化战略决策，CEO 性别差异所产生的影响同样被诸多研究所证实（Galbreath，2017）。出口倾向被认为是典型的男性化需求，因此女性掌管的企业可能更不容易出口（Welch et al.，2008）。除此之外，当企业需要进行海外投资时，女性 CEO 比男性更倾向于规避风险，这种差异随着投资的不确定性而变得更明显（Lam et al.，2013）。但这一结论并未在学术界达成共识。部分学者认为女性 CEO 面临着更为残酷的职场环境，为了获得职位合法性女性将不得不模仿男性化管理方式（Hoyt & Murphy，2016），同时要付出相较于男性而言更多的努力（海本禄等，2020），女性行为特征和管理模式将逐渐淡化，性别差异最终并未直接体现为领导效能的明显差异（Paustian-Underdahl et al.，2014）。

本章认为，前期实证研究结果之所以存在偏差，除了测度方式的差异以及区域、产业等宏观层面和模式、资源等组织层面以及网络层面等边界因素影响之外，还可能源于：第一，以往研究大多聚焦于女性 CEO

对国际化战略静态特征的影响。关注国际化动态进程本身，围绕国际化扩张节奏特征，构建更具情境依赖性的新兴跨国公司国际化战略模型，有助于实现对国际化进程理论的进一步整合和深化（Child & Marinova, 2014）。第二，基于高阶视角探讨国际化战略前置因素的相关研究日益丰富，但实证结论的多重性从侧面反映出女性 CEO 战略决策的复杂性（徐高彦等，2020）。决策者个体认知能力的改变会导致风险偏好及决策风格的调整（吴建祖和龚敏，2018）。理应回归管理者认知结构特征本身，关注决策者“注意力焦点”“因果逻辑”“社会认知”等认知特征，对国际化进程战略决策的底层逻辑进行重新审视（Helfat & Peteraf, 2015），有助于揭示中国企业“跳跃性”国际化模式背后的微观认知基础。第三，高层管理团队成员之间认知差异将导致内部混乱及信任氛围恶化，而这种团队结构特征将成为 CEO 决策的重要情境变量（成瑾等，2017）。引入 CEO 个体认知能力变量以及高层管理团队结构变量，有助于实现对 CEO 决策逻辑以及其与高层管理团队有效互动的机理的深入理解，更有助于深化对新兴跨国公司国际化节奏具体影响机制的认识。

二　理论模型与研究假设

（一）女性 CEO 与新兴跨国公司国际化节奏

作为管理者认知过程的核心要素，知觉、注意和推理能力在个体之间呈异质性分布，而管理者在认知能力上的差异可以影响管理者对新的机遇和威胁的感知能力并进而导致差异性战略选择（Helfat & Peteraf, 2015）。从管理者认知能力角度出发，本书认为，女性 CEO 的存在将促使新兴跨国公司国际化扩张模式更具规律性，具体原因如下：

第一，女性 CEO 具有更高程度的风险厌恶，决策风格较为稳健。中国女企业家协会在 2016 年对 2505 位女企业家进行问卷调查后发现，53.5%的女性企业家认为自己缺乏“创新与冒险精神”，而且在“制度创新”和“组织创新”中尤为严重（中国女企业家协会，2017）。在生理层面，学者发现女性体内具有更高浓度的单胺氧化酶，在决策过程中单胺氧化酶的高浓度会导致女性对环境风险更加关注，从而产生更高程度的风险厌恶（Zuckerman，1994）。在心理层面，男性更容易对决策结果过度自信，从而表现得更为激进（马云飙等，2018；Faccio et al.，2016）。相反，在面对可能出现的损失或者风险时，女性往往会对结果更加悲观，高估失败概率和损失，且对损失表现出更高程度的紧张和恐惧（Faccio et al.，2016）。风险对男性而言意味着机会与挑战，对女性而言却是威胁，因此相较于女性，男性拥有更强的竞争意识，决策也更为大胆（Chen et al.，2019）。女性高管的这种心理状态在私营企业、敏感行业以及不确定性较高的企业中表现得尤为突出（程锐等，2016），甚至有学者认为女性并不适合在高风险领域经营（Elosge et al.，2018）。

第二，女性 CEO 在信息处理时注意力焦点更具综合性。管理者注意力对机会感知是至关重要的（Ocasio，1997）。管理者在注意力认知能力上的差异可以影响管理者更准确地感知新的机遇和威胁。选择模型（selectivity model）认为，在进行信息处理时男性注意力表现出高度选择性，即他们通常会更加关注于能够支撑自己决策的信息线索，而女性在信息处理时倾向于综合考查（Darley & Smith，1995）。因此即使在高风险领域，相较于女性而言，男性 CEO 也会拥有更强的竞争意识，决策更为大胆（Elosge et al.，2018）。除此之外，两性 CEO 注意力差异还体现为：高管具有构建“商业帝国”的内在动机，大规模投资背后隐藏着高管的私有利益驱动（Harford & Li，2007）。出于自身利益考虑，CEO 将倾向于在国际化机会出现时进行大量国际化投资从而导致国际化节奏的高度不规律性。然而只关注自身私利，有可能会导致股东利益受损（马云飙等，2018）。相对于男性 CEO 而言，女性 CEO 对利益相关者的关注程度相对更高，会综合平衡自身利益与企业价值之间的关系。因此，由女性 CEO 主导的国际化战略决策将相对谨慎。

第三，女性 CEO 具有相对客观的因果逻辑（casual logic）。人类大脑将环境中的可感知数据与“先验知识、信念和期望结合起来，以便对环境做出合理的推测”（Rockville，1996）。因果逻辑涉及一系列心理功能，包括对环境中新出现的模式进行分类并据此对环境机会与威胁实现早期识别，因此会对国际化机会感知产生影响（Helfat & Peteraf，2015）。相对于女性 CEO 而言，男性 CEO 在投资中往往被认为过度自信程度更高（Dadanlar & Abebe，2020）。管理者过度自信具体有三种表现：一是过高估计预期回报，低估收益风险；二是过高估计自身知识、管理技能以及掌控大局能力；三是过高估计私人信息产生信号的准确度（Shefrin，2001）。企业成功经历导致自我归因，即使以往成功是得益于过度冒险或运气，过度自信的 CEO 仍可能将成功归因于自身能力（张明、蓝海林、曾萍，2019）。过度自信的因果逻辑，会有效促进决策者的机会感知（Denrell & Fang，2010）。同时，在过度自信心理影响下，男性 CEO 对海外投资行为的成功率及收益率的期望会较为乐观，从而对环境中的国际化“机会”更容易感知到，因此国际化投资会表现得更为激进。相反，在面对可能出现的损失或者风险时，女性 CEO 往往会高估失败概率和损失，且对损失表现出更高程度的紧张和恐惧（Faccio et al.，2016），从而对结果的期望值表现得更为悲观，进而形成对海外投资机会的感知过滤（Starbuck & Milliken，1988），国际化投资会表现得更为谨慎。

第四，女性往往比男性表现出更高的道德水平（Galbraith & Stephenson，1993）。大规模投资背后隐藏着高管的私有利益驱动（Harford & Li，2007）。但是由于女性在行为和态度方面都更加遵守伦理道德，从而会更好地对自己的行为进行约束（Erat & Gneezy，2012），比如说，女性 CEO 更注重会计信息质量和稳健性（Faccio et al.，2016），在群体决策中更加诚实（Muehlheusser et al.，2015），存在较低程度的腐败倾向（Rivas，2013）等。除此之外，女性关怀伦理学还指出，女性具备更高的责任心和利他倾向，对利益相关者的关注程度更高（Adams et al.，2011），也更愿意履行社会责任（Setó-Pamies，2013）。基于自身私有利益而忽略风险，有可能会导致股东利益受损（马云飙等，2018）。相对于男性 CEO，在更高的道德标准和利他倾向的指引下，女性 CEO 将更难以接受以他人利益为代价会自己谋取收益的行为，因此，对国际化扩张行为将更加谨慎。鉴于上述分析，提出如下假设：

H1：女性 CEO 倾向于更为规律的国际化投资节奏。

（二）CEO 受教育程度的调节效应

认知能力发展中的路径依赖可能导致心理活动的潜在和实际表现的异质性。管理者认知能力可以通过实践来提高，学习和训练可能会改变涉及决策的大脑区域的大小或数量，并改变需要注意力的“认知技能”表现路径并最终体现于战略选择之中。决策者教育背景对个体思维方式、知识存量以及认知能力都会产生重要影响（Wiersema & Bantel，1992），而认知能力的变化也会导致风险偏好及决策风格的调整（淦未宇，2018）。本书认为，拥有高学历能够削弱女性 CEO 与国际化节奏不规律性之间的负相关关系，其原因在于：

第一，随着受教育程度提高，CEO 对不同文化的包容态度、变革灵活性及接受度方面都会随之提升（Herrmann & Datta，2005），这有利于女性 CEO 对全球经营的必要性和重要性建立更深刻的认知。当企业决定向海外市场扩张时，必须面对国家制度和文化特征差异所造成的复杂性和不确定性，这对管理者有效处理信息的知识及能力提出了要求（Nielsen，2011）。受教育程度经常被作为高管认知取向、知识基础和信息处理能力的替代指标（Herrmann & Datta，2005），具有较高教育背景的 CEO 在出现复杂问题时具备能够更好地解决问题的能力（Goll et al.，2007）。CEO 这种独特、有价值且难以模仿的无形资源将大大提升企业国际市场竞争能力和盈利能力（Bloodgood et al.，1996）。相对于教育程度较低的 CEO 更乐于按部就班、循序渐进地制定决策，受教育程度较高的 CEO 将具有更高的创新意愿和创新动机（Camelo-Ordaz et al.，2005）。即使女性 CEO 更倾向于保守和稳健决策，但是教育经历帮助其更好地培养了对国际化风险的掌控能力和认知，从而有效提升了女性 CEO 对国际化扩张的自信程度，降低其风险厌恶程度，弱化了性别差异对国际化节奏不规律性的抑制效应。

第二，自动性心理过程可能导致决策偏差，而控制性心理过程则可能有干预和克服这种偏见的潜力（Kahneman et al.，2011）。作为决策者普遍存在的认知偏差，过度自信程度的性别差异会随着受教育程度的提升而明显降低。其原因在于，拥有高学历的 CEO 通常受过规范化学术训练，学术思考的严谨性将促使 CEO 决策时更加偏重用理性思维去审视有价值的决策信息（Jiang & Murphy，2007）。具体来看，随着受教育程度的提升，过度自信程度较高的男性 CEO 会逐渐习惯采用理性思维对国际化信息进行评估，调整过度乐观预期，建立较为客观的"因果逻辑"，降低对国际化"机会"的感知度，面对较高不确定性时决策会更加稳健和保守。与此同时，教育资源可以在社会上实现与经济资本、社会资本以及文化资本的互换，因此女性 CEO 在教育中获得的优势地位能够促进其在社会、家庭、职场等方面的主动性及自信心（刘江和万江红，2020）。高学历的女性 CEO 处理复杂问题能力持续提高（Goll et al.，2007），创新意愿和创新动机不断增强（Camelo-Ordaz et al.，2005），变革灵活性也随之提升。随着自信程度及解决问题能力的提高，女性 CEO 会调整国际化"机会"与"威胁"的注意力配置，增加对国际化机会的感知度；同时，增强对自身国际化风险掌控能力的理性认知，从而弱化了其自动性心理过程对国际化扩张风险的规避倾向。随着受教育程度的提升，国际化决策行为在注意力焦点及因果逻辑方面所体现出来的两性差异将随之减少。鉴于上述分析，提出如下假设：

H2：CEO 受教育程度会削弱女性 CEO 与国际化节奏不规律性之间的负向关系。

（三）高层管理团队任务导向断裂带的调节作用

高层管理团队是知识信息共享、利益风险共担的集合。基于相似相吸理论和社会认同理论，个体往往会被具有较高相似性的其他个体所吸引并将其界定为自我范畴，从而实现自我社会归类。这一归类将导致高层管理团队内部亚群体成员产生“我们”—“他们”的心理认知。亚群体内部高度认同，表现出较高的凝聚力和整合程度，但亚群体之间却因负面歧视及刻板印象而出现更多的沟通障碍、情感冲突以及组织内耗（林明等，2018）。高层管理团队内部结构、信息知识分享、信息处理过程都会对 CEO 决策产生影响（Richard et al.，2019）。断裂带是指以群体成员单个或多个特征属性为基础进行划分的若干同质亚群体的隐形分割线（Lau & Murnighan，1998）。断裂带强度越强，意味着形成亚群体的可能性越高，相反，断裂带强度越弱，意味着形成亚群体的可能性越低（Meyer & Glenz，2013）。鉴于任务导向属性（职能、教育、专业、任期等）对企业国际化行为的影响更加显著（周建等，2015），本节着重分析高层管理团队任务导向断裂带对女性 CEO 与国际化节奏之间关系的边界效应。

社会角色理论认为，社会期望女性是抚养性和社会导向，而非竞争性和绩效导向（Dragot et al.，2020）。根据角色一致性理论，当男性 CEO 在决策过程中表现出特立独行与作风强硬等领导特征时，往往被认为是适当的；而当女性 CEO 的领导行为表现出上述男性特征，却会被感知为与其“社会角色”不匹配而获得消极评价。为了获得积极评价，女性管理者需要以符合社会期望的方式进行决策（Boulouta，2013）。与男性 CEO 不同，女性 CEO 决策时会更注重团队民主、参与性（Eagly & Johnson，1990）。任务导向断裂带是基于任务相关知识差异所形成的，对群体理念、知识的融合重组具有阻碍作用（Carton & Cummings，2012）。当整个团队缺乏共同认知和凝聚力时，女性 CEO 可能会借助敏感认知及人际技能来避免潜在冲突的爆发（Nielsen & Huse，2010）。在这种背景下，相对于男性 CEO 而言，追求“社会角色”匹配的女性 CEO 会将决策成功归因于团队认同，且在所有的国际化决策中都将更加审慎地对待每位高层管理团队成员的意见，其注意力焦点会进一步趋于分散，国际化决策将更为慎重，国际化进程中的“跳跃”特征将进一步减少。随着高层管理团队任务导向断裂带强度的增加，国际化决策行为在注意力焦点及因果逻辑方面所体现出来的两性差异将随之增加。鉴于上述分析，提出如下假设：

H3：高层管理团队任务导向断裂带会增强女性 CEO 与国际化节奏不规律性之间的负向关系。

本章理论模型如图 5-1 所示。

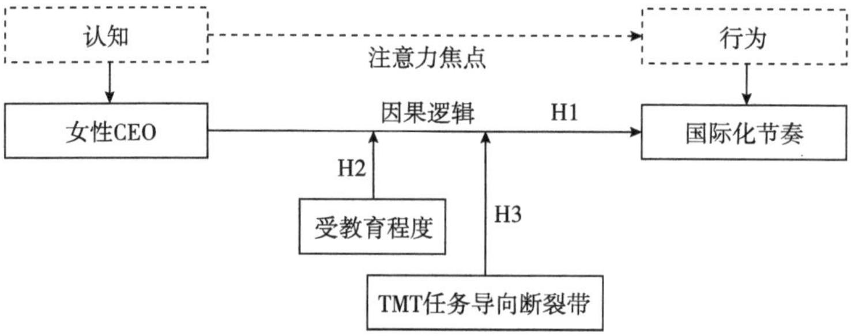

图 5-1 理论模型

三 研究设计

（一）数据来源

基于中国上市公司年度报告以及国泰安上市公司数据库等权威来源，对 2008—2018 年度范围内经营活动具有一定海外依赖性且拥有海外子公司的 A 股上市公司相关数据进行了搜集整理。在对样本进行选择和核对时，本节依据标准如下：（1）国际化企业的确定标准是具有海外销售收入且在样本期间内拥有海外子公司；（2）将不具备子公司控制权、主要在避税国投资以及并非以获利为主要目的的海外子公司进行了排除；（3）将金融类上市跨国公司予以剔除；（4）由于从 2008 年开始高管特征数据在 CSMAR 数据库中才相对完整，因此本节以 2008 年作为样本初始年份；（5）由于国际化节奏值的计算跨度为 4 年，所以最终获得年份跨度为 2008—2015 年共 8 年，由 253 家上市公司、共计 2024 个观测值所构成的平衡面板数据。本节涉及组织层面变量以及 CEO、高层管理团队等个体层面变量均通过 CSMAR 数据库收集，国际化相关变量是通过对企业年报手动翻阅与整理而获得。不同渠道来源数据出现差异时，数据以年报为准。

（二）变量定义

1. 被解释变量

国际化节奏（*Rhythm*）。参考 Vermeulen 和 Barkema（2002）等学者的做法，本节将国际化节奏定义为海外子公司数量一阶导数的峰值，其具体公式如下：

$$rhythm = \left\{\frac{n(n+1)}{(n-1)(n-2)(n-3)}\sum\left(\frac{x_t-\bar{x}}{s}\right)^4\right\} - \frac{3(n-1)^2}{(n-2)(n-3)} \tag{5—1}$$

其中，观测值的数量为 n，x_t 为第 t 年海外子公司数量，$\bar{x}$ 为企业从基期 t 年开始顺延 4 年的海外子公司数量的平均值（如计算 2008 年国际化节奏值，需要通过对 2008 年至 2011 年的海外子公司数量进行公式运算得到），s 为海外子公司数量的标准差。国际化节奏值越高，表明企业对外直接投资的不规律性和不稳定性越强；国际化节奏值越低，表明企业对外直接投资的规律性和稳定性越强。国际化节奏的数据来源是上市公司年报，通过手动对企业海外分支机构数量的手动收集、整理以及计算而获得。

2. 解释变量

女性 CEO（*CEO_gender*）。若企业 CEO 性别为女性，则赋值为 1，若企业 CEO 性别为男性，则赋值为 0。考虑到董事长在新兴跨国公司国际化战略中扮演的重要角色，在稳健性检验中将董事长性别纳入检验模型之中。

3. 调节变量

CEO 教育背景（*CEO_edu*）。若 CEO 最高学历为硕士及以上，赋值为 1，否则赋值为 0。

高层管理团队任务导向断裂带（*TMT_fau*）。高层管理团队任务导向断裂带强度测量的是高层管理团队在相关任务问题上出现内部潜在分裂的可能性。借鉴 Thatcher 等（2003）提出的 *Fau* 算子测量法以及 Kaczmarek 等（2012）、周建等（2015）的相关研究，选择任期、职能背景以及教育背景三个特征值为基础进行任务导向断裂带强度计算。任期用高层管理团队成员任职年限进行测量。教育背景是指高层管理团队成员在观察期最高学位，分为博士、硕士、本科、专科及以下共五类，分别赋值为 5、4、3、2、1。借鉴周建等（2015）的做法，将高层管理团队成员在观察期所承担的职能背景划分为转换职能（生产、技术、制造、运营）、输出职能（销售、营销、市场、研发）以及辅助职能（财务、法律、管理）三类，并分别赋值为 1、2、3。通过在团队成员的各个特征值之间可能存在的分类模式下计算子群体之间的组间平方和以及总体平方和的比值，并选择不同分类模式下的最高值作为高层管理团队任务导向断裂带强度的代理指标。其计算公式具体如下：

$$Fau_g = \frac{\sum_{j=1}^{q}\sum_{k=1}^{2} n_k^g(\overline{x}_{jk} - \overline{x}_j)^2}{\sum_{j=1}^{q}\sum_{k=1}^{2}\sum_{i=1}^{nk}(x_{ijk} - \overline{x}_j)^2} \tag{5—2}$$

上式中，i 代表高层管理团队内部成员；j 代表高层管理团队成员特征值；k 代表子群体；n 代表高层管理团队规模；q 代表特征值数量；g 代表断裂带可能的分类方式；*QUOTE* $\overline{x}_j x_{jk}$ 代表子群体 k 成员特征 j 的平均值；$\bar{x}_j$ 代表所有高层管理团队成员特征 j 的平均值；n_k^g 代表在第 g 种分类模式下，子群体 k 中的高层管理团队规模；$\bar{x}_{ijk}$ 代表子群体 k 中，成员 i 在特征 j 上的取值。Fau_g 代表在第 g 种分类模式下的高层管理团队断裂带强度，Fau_g 值在（0，1）之间变动，值越大表示高层管理团队断裂带强度越高；反之则越低。高层管理团队断裂带强度的最终取值为在不同分类模式下断裂带强度的最大值。即 Fau_g 的最大值（g=1，2，…，s），其体现了高层管理团队可能出现的断裂带最高强度。高层管理团队任务导向断裂带所用基础数据来源于国泰安数据库。缺失数据基于公司年报、公司官网进行补充。

具体变量的定义及来源如表 5-1 所示。

表 5-1　　　　高层管理团队任务导向断裂带测量指标

高层管理团队任务导向断裂带	断裂带维度	维度定义	具体分类及赋值
$TMT\_fau = \frac{\sum_{j=1}^{q}\sum_{k=1}^{2} n_k^g(\bar{x}_{jk} - \bar{x}_j)^2}{\sum_{j=1}^{q}\sum_{k=1}^{2}\sum_{i=1}^{nk}(x_{ijk} - \bar{x}_j)^2}$	任期	高层管理团队成员进入高层管理团队的任职期限	自然年度（当年任职时间低于 6 个月，则当年任期为 0；如果当年任职时间多于 6 个月，则当年任期为 1）
	职能背景	高层管理团队成员在观察期所承担的职能情况	转换职能（生产、技术、制造、运营等），赋值为 1； 输出职能（销售、营销、市场、研发等），赋值为 2； 辅助职能（财务、法律、管理等），赋值为 3
	教育背景	高层管理团队成员在观察期的最高学位	将教育背景分为博士、硕士、本科、专科、其他五类，分别赋值为 5、4、3、2、1

根据周建、李小青、杨帅：《任务导向董事会群体断裂带、努力程度与企业价值》，《管理学报》2015 年第 1 期。整理而得。

4. 控制变量

本节分别从组织层面以及个体层面两个层面对国际化节奏的可能影响因素进行控制。

企业年龄（*Firm_age*）。经典国际化理论认为企业国际化扩张应该是一种渐进、递增、线性的动态过程（Johanson & Vahlne，1977）。企业年龄越大，往往意味着企业国际化经验越丰富（Love et al.，2016）。本节采取上市公司成立年限进行测量。

企业规模（*Firm_size*）。企业规模越大，意味着有更多的资源和机会进行国际化扩张，因此可能会对国际化进程产生直接影响。本节采取企业员工总数的自然对数进行测量。在稳健性检验中采取企业总资产自然对数进行测量。

国有股比例（*SST*）。国有企业往往承担着经济利益之外的政治任务，从而出现差异性国际化扩张模式。本书采取国有股权数与总股数的比值进行测量。

组织冗余（*Leverage*）。组织冗余资源是企业进行冒险型国际化战略的基础（王艺霖、王益民，2016）。资产负债率越高，表示企业内部有形资源冗余越低。借鉴大多数学者的做法，选择资产负债率测量企业内部冗余资源数量。

国际化深度（*Inte_depth*）。国际化深度所反映的是国际化企业的海外经营强度和资源承诺（Hilmersson & Johanson，2017）。借鉴以往文献，本节采取企业拥有的海外子公司数量进行测量。

国际化广度（*Inte_scope*）。国际化广度所反映的是国际化企业海外组织学习的宽度和范围（Casillas & Moreno-Menéndez，2014）。本节采用企业海外扩张的国家数量进行测量。

国际化程度（*Inte_degree*）。国际化程度代表着企业国际化经验和知识的积累，反映的是企业经营活动的海外依赖性。本节采用企业海外销售收入比例占企业总销售收入比例（FSTS）对国际化程度进行测量。

CEO 年龄（*CEO_age*）。年龄是 CEO 认知能力的重要影响因素。本节采用 CEO 实际年龄进行测量。

CEO 政治背景（*CEO_poli*）。如果高管背景符合：①是否是中共党员或者民主党派；②是否担任过全国或者地方的“两会代表”；③是否有在军队、地方政府和中央政府部门的工作经历；④是否获得过各级政府颁发的奖项，主要包括先进个人、劳动模范、优秀企业家以及三八红旗手等称号。如果符合上述条件之一，即赋值为 1，如果不符合，即赋值为 0。上市公司 CEO 背景数据主要通过国泰安数据库获取。核心变量定义如表 5-2 所示。

表 5-2　　变量定义

变量名称	变量符号	变量定义
国际化节奏	*Rhythm*	$rhythm = \left\{\frac{n(n+1)}{(n-1)(n-2)(n-3)}\sum\left(\frac{x_t-\bar{x}}{s}\right)^4\right\} - \frac{3(n-1)^2}{(n-2)(n-3)}$
CEO 性别	*CEO_gender*	哑变量，若 CEO 为女性，即赋值为 1，否则赋值为 0
CEO 教育背景	*CEO_edu*	哑变量，若 CEO 教育程度为硕士及以上，即赋值为 1，否则赋值为 0
高层管理团队任务导向断裂带	*TMT_fau*	$TMT\_fau = \frac{\sum_{j=1}^{3}\sum_{k=1}^{2} n_k(\bar{x}_{jk}-\bar{x}_j)^2}{\sum_{j=1}^{3}\sum_{k=1}^{2}\sum_{i=1}^{nk}(x_{ijk}-\bar{x}_j)^2}$
企业年龄	*Firm_age*	自创立至今的时间（以年为单位）
企业规模	*Firm_size*	员工人数的自然对数
国有股比例	*SST*	国有股股数占总股本比例
组织冗余	*Leverage*	资产负债率
国际化深度	*Inte_depth*	海外子公司数量
国际化广度	*Inte_scope*	海外子公司所属国家数量
国际化程度	*Inte_degree*	海外销售比例

续表

变量名称	变量符号	变量定义
CEO 年龄	*CEO_age*	CEO 年龄（以年为单位）
CEO 政治背景	*CEO_poli*	哑变量。符合文中四种条件之一

（三）模型构建

考虑到企业在国际化战略决策过程中可能存在的路径依赖，当期国际化节奏很可能受前期影响。为了解决这种相关性，需要将被解释变量的滞后项放入回归模型中进行控制，构建动态面板模型。为了对本节假设进行验证，特构建研究模型如下：

本节设定模型 5—3 来检验女性 CEO 是否影响新兴跨国公司国际化节奏。其中，i 代表横截面个体企业；t 代表时间，用年份表示；β_0 代表模型截距项；β_i（i=1，2，3，…）代表模型中各变量回归系数。$Rhythm_{i,t-1}$ 为国际化节奏的一阶滞后项，$C_{i,t}$ 代表除解释变量以外的系列控制变量；$CEO\_edu_{i,t}$ 和 $TMT\_fau_{i,t}$ 为调节变量；μ_i 代表不可观测的个体固定效应；$\varepsilon_{i,t}$ 代表随机干扰项。如果 $H1$ 成立，则 β_2 应显著为负。

$$Rhythm_{i,t}=\beta_0+\beta_1 Rhythm_{i,t-1}+\beta_2 CEO\_gender_{i,t}+\beta_3 CEO\_edu_{i,t}+\beta_4 TMT\_fau_{i,t}+\beta_5 C_{i,t}+\mu_i+\varepsilon_{i,t} \quad (5—3)$$

本节设定模型 5—4 来检验 CEO 受教育程度是否会调节女性 CEO 与企业国际化节奏之间的关系。在模型 5—3 的基础上，将女性 CEO 与 CEO 受教育程度的交互项加入模型，如果 H2 成立，则系数 β_5 应显著为正。

$$Rhythm_{i,t}=\beta_0+\beta_1 Rhythm_{i,t-1}+\beta_2 CEO\_gender_{i,t}+\beta_3 CEO\_edu_{i,t}+\beta_4 TMT\_fau_{i,t}+\beta_5 CEO\_edu_{i,t} * CEO\_gender_{i,t}+\beta_6 C_{i,t}+\mu_i+\varepsilon_{i,t} \quad (5—4)$$

本节设定模型 5—5 来检验高层管理团队任务导向断裂带强度是否会调节女性 CEO 与企业国际化节奏之间的关系。在模型 5—3 的基础上，将女性 CEO 与高层管理团队任务导向断裂带强度的交互项加入模型，如果

H3 成立，则系数 β_5 应显著为负。

$$Rhythm_{i,t}=\beta_0+\beta_1 Rhythm_{i,t-1}+\beta_2 CEO\_gender_{i,t}+\beta_3 CEO\_edu_{i,t}+\beta_4 TMT\_fau_{i,t}+\beta_5 TMT\_fau_{i,t}*CEO\_gender_{i,t}+\beta_6 C_{i,t}+\mu_i+\varepsilon_{i,t} \quad (5—5)$$

四　数据分析和结果

（一）估计方法

鉴于被解释变量国际化节奏与其滞后变量、解释变量以及调节变量之间可能存在的内生性问题，而系统广义矩估计（SYS—GMM）能够克服小样本偏误和弱工具变量的影响，可以有效解决内生性问题并提高估计效率，且样本数据属于大 N 小 T 的短面板，因此本节选择系统广义矩估计法（SYS—GMM）对模型进行估计。

为了保证模型估计的一致性和有效性，本节在实证分析之前对数据进行处理如下：(1)对主要的连续变量进行 1%水平上的 Winsorize 缩尾处理，从而避免异常值对实证结果的影响；(2)对交互项测量变量进行中心化处理，以避免多重共线性的影响；(3)为了解决可能出现的异方差等问题，使用稳健标准误（WC-Robust Standard Error）进行估计。

（二）描述性统计分析

本节运用 Stata 15.0 统计分析软件进行计量分析。表 5-3 列举了模型核心变量的描述性统计分析。如表 5-3 可知，国际化节奏均值为 2.465，最大值为 7，最小值为-3，这些数据说明在全球贸易及投资环境复杂化的背景下，新兴跨国公司国际化进程整体上仍然具有一定程度的“跳跃性”，但企业之间国际化节奏存在较大差异；与此同时，女性 CEO 平均值为 0.068，说明中国上市公司呈现显著的男性主导特征，女性 CEO 的比例较低。这与中国传统文化中对女性更应该承担家庭责任而非社会经济

表 5-3　描述性统计及相关系数矩阵

变量	1	2	3	4	5	6	7	8	9	10	11	12	13
1. *Rhythm*	1												
2. *Firm_age*	0.003	1											
3. *Firm_size*	0.067*	-0.048*	1										
4. *SST*	-0.061*	-0.152*	0.044*	1									
5. *Leverage*	0.019	0.161*	0.078*	0.069*	1								
6. *Inte_depth*	0.061	0.056*	0.088*	-0.092*	0.133*	1							
7. *Inte_scope*	0.109*	0.098*	0.065*	-0.088*	0.129*	0.609*	1						
8. *Inte_degree*	0.057*	-0.062*	-0.084*	-0.095*	-0.191*	0.156*	0.184*	1					
9. *CEO_age*	0.032	0.085*	-0.078*	-0.042	-0.028	0.020	0.016	0.068*	1				
10. *CEO_poli*	-0.009	-0.038	0.019	-0.088*	-0.045*	0.004	0.029	0.040	0.026	1			
11. *CEO_edu*	0.013	0.009	0.116*	0.017	-0.005	0.200*	0.143*	0.091*	-0.100*	0.091*	1		
12. *TMT_fau*	-0.007	-0.168*	0.020	0.063*	-0.032	-0.097*	-0.101*	0.084*	-0.064*	0.019	-0.040	1	
13. *CEO_gender*	-0.023	0.012	-0.074*	0.046*	0.090*	-0.004	-0.026	-0.105*	0.029	-0.079*	-0.012	-0.056*	1
Mean	2.465	15.611	4.767	0.084	0.517	1.868	1.08	0.27	48.82	0.165	0.303	0.454	0.068
S.D	2.699	4.721	2.193	0.172	0.209	3.589	1.916	0.261	6.162	0.371	0.46	0.245	0.216

注：Pearson 系数；* $p<0.05$。

责任的社会角色定位是密切相关的；另外，CEO 为 33—66 岁，年龄跨度较大；CEO 受教育程度均值为 0.303，也就是将近三分之一的 CEO 具有硕士及以上学历，整体受教育程度较高。高层管理团队任务导向断裂带强度的均值为 0.454，表明中国国际化企业高层管理团队的群体潜在冲突程度较高，形成内部“派系”的可能性较大。表 5-3 列举了变量间的简单相关关系，所有相关系数均在可接受范围内（Dormann et al.，2013）。进一步对所有解释变量进行方差膨胀因子（*VIF*）诊断后，结果显示平均 *VIF* 值为 2.39，远小于临界值 10，由此排除模型可能出现的严重多重共线性问题。

（三）假设检验

表 5-4 给出了女性 CEO 与国际化节奏关系模型的动态面板估计结果。如表 5-4 所示，前期国际化节奏对作为被解释变量的当期国际化节奏具有显著负向影响，这表明本节选择构建动态面板模型具有合理性。Arellano—Bond 检验结果显示差分方程的残差序列不存在二阶序列相关（各模型 p 值均>0.1，接受原假设），即模型通过了自相关检验。而 Sargan 检验结果也表明所有工具变量都是有效的（各模型 p 值均>0.1，接受原假设）。基于上述检验结果来看，本节数据完全满足系统广义矩估计的条件，模型估计具有较高的一致性和可靠性。

表 5-4　　动态面板回归结果

变量	Rhythm				
	Model（1）	Model（2）	Model（3）	Model（4）	Model（5）
L. Rhythm	-0.509*** (0.000)	-0.510*** (0.000)	-0.532*** (0.000)	-0.513*** (0.000)	-0.533*** (0.000)
Firm_age	0.002 (0.535)	0.002 (0.406)	0.004 (0.300)	0.003 (0.373)	0.004 (0.298)

续表

变量	Rhythm				
	Model (1)	Model (2)	Model (3)	Model (4)	Model (5)
Frim_size	−0.238 (0.790)	−0.120 (0.896)	−0.198 (0.827)	−0.134 (0.884)	−0.201 (0.824)
SST	1.089 (0.508)	1.006 (0.540)	0.851 (0.602)	1.093 (0.505)	0.932 (0.568)
Leverage	−2.961 (0.332)	−2.940 (0.336)	−2.697 (0.330)	−2.767 (0.331)	−2.587 (0.380)
Inte_depth	−0.305 (0.509)	−0.293 (0.526)	−0.269 (0.552)	−0.309 (0.502)	−0.284 (0.532)
Inte_scope	0.752 (0.230)	0.776 (0.216)	0.809 (0.195)	0.776 (0.216)	0.805 (0.197)
Inte_degree	3.293 (0.155)	3.317 (0.158)	2.890 (0.207)	3.645 (0.114)	3.174 (0.161)
CEO_age	−0.008 (0.866)	−0.025 (0.588)	−0.060 (0.213)	−0.023 (0.621)	−0.056 (0.243)
CEO_poli	−2.915** (0.021)	−2.722** (0.033)	−2.739** (0.033)	−2.800** (0.028)	−2.796** (0.029)
CEO_edu	−0.318 (0.651)	−0.475 (0.505)	−0.368 (0.583)	−0.472 (0.500)	−0.373 (0.576)
TMT_fau	0.132 (0.871)	0.267 (0.742)	0.251 (0.744)	0.171 (0.828)	0.180 (0.811)
CEO_gender		−2.106** (0.020)	−4.018*** (0.000)	−2.437*** (0.006)	−4.091*** (0.000)
CEO_gender ∗ *CEO_edu*			0.569*** (0.001)		0.520*** (0.003)
CEO_gender ∗ *TMT_fau*				−0.288** (0.018)	−0.217* (0.057)
_cons	−4.395 (0.765)	−5.626 (0.717)	−8.049 (0.668)	−6.543 (0.684)	−8.521 (0.654)
AR (1) −*p value*	0.000	0.000	0.000	0.000	0.000

续表

变量	Rhythm				
	Model（1）	Model（2）	Model（3）	Model（4）	Model（5）
AR（2）-p value	0.424	0.362	0.424	0.326	0.396
Sargan-p value	0.482	0.496	0.463	0.438	0.424
Wald-p value	0.000	0.000	0.000	0.000	0.000

注：括号中为 p 值。*** $p<0.01$、** $p<0.05$、* $p<0.10$（Two-tailed）。

模型 1 对包含被解释变量滞后项、控制变量和调节变量的基准模型结果进行了汇报。模型 2 在对影响国际化节奏的其他控制变量和调节变量进行控制后，将解释变量——女性 CEO 对国际化节奏的影响效应进行了汇报。实证结果显示，女性 CEO 对新兴跨国公司国际化节奏具有显著负向影响（beta = -2.106，$p<0.05$）。这表明，对于新兴跨国公司而言，女性 CEO 倾向于较为规律的国际化扩张节奏，假设 1 得以验证。

模型 3 是在主效应基础上进一步加入个体层面调节变量——CEO 教育背景和解释变量——女性 CEO 的交互项，以检验 CEO 受教育程度对女性 CEO 与国际化节奏之间关系的调节效应。实证结果显示，该交互项对被解释变量显著正相关（beta = 0.569，$p<0.01$）。即 CEO 受教育程度对女性 CEO 与国际化节奏之间关系具有显著正向调节效应，随着 CEO 受教育程度的提高，女性 CEO 对国际化节奏的负向作用受到抑制，假设 2 得以验证。

模型 4 是在主效应基础上进一步加入群体层面调节变量——高层管理团队任务导向断裂带和解释变量——女性 CEO 的交互项，以检验高层管理团队任务导向断裂带强度对女性 CEO 与国际化节奏之间关系的调节效应。实证结果显示，该交互项对被解释变量显著负相关（beta = -0.288，$p<0.05$）。即高层管理团队任务导向断裂带强度对女性 CEO 与国际化节奏之间关系具有显著负向调节效应，随着高层管理团队任务导向断裂带

强度的提高，女性 CEO 对国际化节奏的负向作用会进一步增强，假设 3 得以验证。

模型 5 为全模型。结果显示 H1—H3 均得到验证。

为进一步了解 CEO 教育背景对女性 CEO 与新兴跨国公司国际化节奏之间关系的调节作用，本节按照 Aiken 等（1991）的建议和做法画出调节效应图，如图 5-2 所示。由于 CEO 受教育程度为虚拟变量，因此赋值（0，1）两个水平进行调节效应分析。从图 5-2 中可以直观看出，女性 CEO 对新兴跨国公司国际化节奏不规律性的负向效应受到了 CEO 受教育程度的正向调节，即与受教育程度较低的 CEO 相比，受教育程度较高的女性 CEO 与企业国际化节奏的负相关程度会降低。

同样，本节对高层管理团队任务导向断裂带强度在女性 CEO 与新兴跨国公司国际化节奏之间关系中起到的调节作用也进行了直观体现。按照调节变量（高层管理团队任务导向断裂带强度）均值+/-1 个标准差的两个水平进行取值做调节效应分析。如图 5-3 所示，女性 CEO 对新兴跨国公司国际化节奏不规律性的负向效应受到了高层管理团队任务导向断裂带的负向调节。

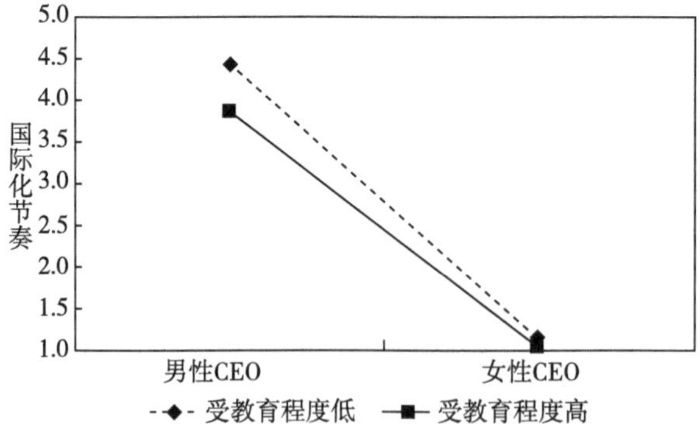

图 5-2　CEO 受教育程度对女性 CEO 与国际化节奏之间关系的调节效应

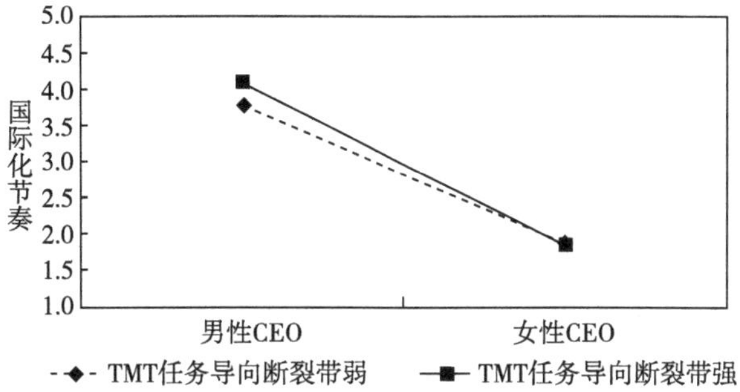

图 5-3 高层管理团队任务导向断裂带对女性 CEO 与国际化节奏之间关系的调节效应

（四）稳健性检验

为保证实证结果的可靠性，本节做了如下稳健性检验。

首先，扩大女性 CEO 考察范围。为了增强研究结论的稳健性，考虑到新兴跨国公司董事长对于国际化战略决策的实际影响力，本节将吸纳董事长性别进入考察范围，即如果 CEO 或者董事长性别为女性，则 *CEO_gender* 赋值为 1，否则赋值为 0。以这个新的 *CEO_gender* 的替代变量重新代入方程进行估计。核心实证结果保持一致，再次支持本节的研究结论。核心检验结果如表 5-5 所示。

表 5-5 更换解释变量后稳健性检验

变量	*Rhythm*				
	Model（1）	Model（2）	Model（3）	Model（4）	Model（5）
L. Rhythm	-0.509*** (0.000)	-0.513*** (0.000)	-0.527*** (0.000)	-0.515*** (0.000)	-0.519*** (0.000)
CEO_edu	-0.318 (0.651)	-0.437 (0.543)	-0.418 (0.540)	-0.428 (0.545)	-0.643 (0.344)
TMT_fau	0.132 (0.871)	0.231 (0.776)	0.231 (0.767)	0.141 (0.858)	0.087 (0.900)

续表

变量	*Rhythm*				
	Model（1）	Model（2）	Model（3）	Model（4）	Model（5）
CEO_gender		-2.549** (0.021)	-2.706** (0.031)	-2.633** (0.028)	-3.187*** (0.009)
CEO_gender ∗ *CEO_edu*			0.567** (0.048)		0.520* (0.053)
CEO_gender ∗ *TMT_fau*				-0.263** (0.038)	-0.203* (0.071)
控制变量	控制	控制	控制	控制	控制
_cons	-4.395 (0.765)	-5.612 (0.726)	-7.850 (0.655)	-6.437 (0.694)	6.678 (0.166)
AR（1）-*p value*	0.000	0.000	0.000	0.000	0.000
AR（2）-*p value*	0.424	0.411	0.442	0.386	0.422
Sargan-p value	0.482	0.612	0.606	0.563	0.563
Wald-p value	0.000	0.000	0.000	0.000	0.000

注：括号中为 p 值。∗∗∗ $p<0.01$、∗∗ $p<0.05$、∗ $p<0.10$（Two-tailed）。

其次，更换估计方法。不同的动态面板模型可能出现差异性实证结果（Acemoglu et al.，2008；Che et al.，2013）。为验证本节结论的稳健性，采用差分 GMM 对模型进行重新估计，核心检验结果基本保持一致。结果如表 5-6 所示。

表 5-6　　更换估计方法后稳健性检验

变量	*Rhythm*				
	Model（1）	Model（2）	Model（3）	Model（4）	Model（5）
L. Rhythm	-0.509*** (0.000)	-0.510*** (0.000)	-0.532*** (0.000)	-0.513*** (0.000)	-0.513*** (0.000)
CEO_edu	-0.318 (0.651)	-0.475 (0.505)	-0.368 (0.583)	-0.472 (0.500)	-0.420 (0.523)

续表

变量	*Rhythm*				
	Model (1)	Model (2)	Model (3)	Model (4)	Model (5)
TMT_fau	0.132 (0.871)	0.267 (0.742)	0.251 (0.744)	0.171 (0.828)	0.045 (0.949)
CEO_gender		-2.106** (0.020)	-4.018*** (0.000)	-2.437*** (0.006)	-3.915*** (0.000)
CEO_gender * *CEO_edu*			0.569*** (0.001)		0.506*** (0.002)
CEO_gender * *TMT_fau*				-0.288** (0.018)	-0.234** (0.040)
控制变量	控制	控制	控制	控制	控制
_cons	-1.459 (0.909)	-2.934 (0.827)	-4.808 (0.760)	-4.053 (0.769)	9.863* (0.074)
AR (1) -*p value*	0.000	0.000	0.000	0.000	0.000
AR (2) -*p value*	0.449	0.386	0.450	0.308	0.381
Sargan-p value	0.544	0.498	0.450	0.474	0.438
Wald-p value	0.000	0.000	0.000	0.000	0.000

注：括号中为 p 值。*** $p<0.01$、** $p<0.05$、* $p<0.10$（Two-tailed）。

最后，更换控制变量。一般而言，考查模型是否随着参数设定的变化保持适当的稳健性是非常必要的。因此，在控制变量层面，本节采用企业总资产的自然对数来重新定义企业规模，并代入回归模型重新进行估计，主要结论维持不变。除此之外，由于港澳台的相对特殊性，将扣除港澳台地区之后的海外子公司所处国家数作为国际化广度的替代变量重新代入模型，实证结果基本保持一致，再次证明本节结论具有较高的稳健性。受限于文章篇幅，本节未报告全部稳健性检验结果。

五　研究启示与局限

（一）研究结论

第一，相对于男性 CEO 而言，女性 CEO 具有综合性更高的注意力焦点以及更客观的因果逻辑，对国际化机会感知度相对较低，因此女性 CEO 更倾向于更为规律的国际化扩张模式。

第二，随着 CEO 受教育程度的提升，女性 CEO 对自身能力及决策行为的自信程度显著增强，有效调整了其综合性较高的注意力焦点，对国际化机会的关注明显增加，女性 CEO 与国际化节奏不规律性之间的负相关关系受到削弱。

第三，在高层管理团队任务导向断裂带强度增加时，追求“社会角色”匹配的女性 CEO 会更加关注团队认同，并综合考虑每位成员的意见，注意力焦点分散度增加，决策谨慎度进一步增强，因此更加倾向于规律性较高的国际化扩张模式。

（二）研究启示

首先，聘用女性 CEO 能够有效降低海外投资模式的不规律性，进而减少国际化扩张的“机会主义”风险（周荷晖、陈伟宏、蓝海林，2019；Vermeulen & Barkema，2002）。在逆全球化浪潮和贸易保护主义席卷全球的背景下，加大对女性 CEO 的选拔培养力度，充分发挥女性在国际化战略决策中的作用，对于提高新兴跨国公司海外布局的稳健性具有重要意义。

其次，受教育程度越高的女性 CEO，越能够理性看待自身能力及决策结果。在国际化决策过程中，高学历女性 CEO 可以在保留女性原有风险认知的基础上，适度提升女性 CEO 对环境变动的敏感性、接受度和灵活性。兼顾国际化机会与风险，以及在稳健性与灵活性之间保持均衡的能力对新兴跨国公司而言至关重要（Lin，2012）。

最后，高层管理团队的内部结构对国际化节奏决策存在影响。理论界目前普遍认为高层管理团队断裂带对组织绩效有负面作用（Lau & Murnighan，1998；Sawyer et al.，2006），但也有部分学者肯定了其对团队决策质量的改善作用（Gibson & Vermeulen，2003）。本节实证结果再次表明，断裂带对团队决策的影响是复杂、多维、多层次的。尽管任务导向断裂带在团队内部决策过程中会引发信息共享不完全、团队冲突等诸多问题，但却可以促进女性 CEO 更加审慎地对待国际化决策。在当下极其复杂的国际化形势下反而可能起到意想不到的效果。因此，实践界在考查断裂带可能对组织决策造成的影响时，应结合企业决策情境进行综合判断。

（三）研究局限

第一，本章研究对象局限于规模较大、治理结构相对完善的中国上市国际化企业，结论是否适用于治理机制不够完善的中小企业尚无法确定。

第二，基于管理者认知视角，本章从个体和群体两个层面考察了影响女性 CEO 与国际化节奏之间关系的边界条件，今后研究可进一步拓展研究领域，从社会层面、制度层面、组织层面、网络层面等多角度挖掘更丰富的情境变量进行考察，有利于更加全面地审视和理解 CEO 性别差异对国际化进程模式的影响。

第三，受限于时间和数据，本章仅关注任务导向断裂带强度对女性 CEO 和国际化节奏之间关系的调节机制。未来研究可以将其扩展到其他断裂带类型以及不同断裂带类型的交互影响对这一影响机制的边界作用。

第四，国际化节奏反映的仅仅是国际化战略的一个侧面。比如，将国际化节奏与区位相结合，企业国际化扩张可能是以较有规律性的节奏全部投资于发达国家市场，也可能是全部投资于新兴经济体，或者是海外投资区位选择并没有明显局限。单纯的量化研究难以实现对国际化进程复杂动态特征的精确刻画，量化研究与质性研究相结合可能是未来研究的路径之一。

第二节　认知偏差视角

企业国际化扩张本质上是“在一个动态、历时过程中发生并展开的时间序列”（Jones & Coviello，2005），是随着时间推移不断改变其国际化承诺的动态过程。企业的国际化成长过程存在着复杂的、多元的国际化行为组合与行为序列模式。即使在国际化程度相同的情况下，国际化进程的差异也可能导致截然不同的组织绩效。然而，传统的国际化理论模型长期用一种刻板、静态的思想对国际化活动进行思考，简化了现实当中极为复杂的国际化进程。需要回到过程本身，重新审视国际化活动的动态复杂性（Hutzschenreuter et al.，2014）。

作为跨国经营的“后来者”，新兴跨国公司近十几年来国际化进程的“加速”和“跳跃”特征令世界瞩目。在 Lyles 等人对 200 家从事对外直接投资的中国民营企业所做的调查中，50%的样本企业遵循“阶段式”国际化扩张，另外 50%则采用试验性学习这样一种更加冒险的对外直接投资方式。这种“跳跃”的国际化进程背后究竟隐藏着怎样的管理逻辑？国际化扩张决策的制定是理性的还是存在非理性认知？这些影响机制是否受中国传统文化、制度因素以及产业环境的影响而具有中国特色？

鉴于此，本节基于高阶梯队理论和行为金融理论，运用 2007—2013 年间中国上市公司面板数据，探讨高管过度自信对新兴跨国公司国际化节奏特征的影响，并进而考察重要情境因素（内部股权结构和外部国际化压力）对该效应的影响机制，希望能够深入细致地刻画新兴跨国公司国际化进程的动态、多元特征，从理论上破解“国际化进程”黑箱，从而为解释和指导中国国际化实践作出贡献。

一　问题提出

作为国际化战略的决策者和资源的控制者，高层管理者的认知特质会反映在公司的战略行为选择上。在高管特征层面，学者们主要就创业者和管理者团队的态度、经验、认知等方面入手分析其对国际化动态过程的影响。Pla-Barber 和 Escribá-Esteve（2006）以问卷调查的方式对 271 家西班牙企业进行研究后发现高层管理团队部分成员对国际化的积极态度会导致跨国公司采取更加激进的国际化扩张战略（Pla-Barber & Escribá-Esteve，2006）。Acedo 和 Jones（2007）以西班牙 104 家中小企业为样本，通过建立结构方程模型，对国际化进程的直接和间接影响因素进行了分析。结果表明，前摄性、国际化导向以及模糊容忍度会通过高层管理团队的风险认知态度影响企业的国际化进程（Acedo & Jones，2007）。具体到中国情境下的研究，Lin（2013）通过对中国台湾 345 家上市公司 1997—2006 年的国际化进程进行实证研究后发现，CEO 薪酬较高会促使国际化进程更加规律化，CEO 与高层管理团队之间薪酬差距与国际化节奏之间存在“U 型”效应（Lin，2013）。王艺霖和王益民（2016）以中国制造业上市公司为样本，基于 2008—2013 年的纵贯数据，探讨了高管权力与国际化节奏之间的关系以及国际化绩效和组织冗余对二者之间关系的调节效应，有助于进一步理解中国情境下高管特征对国际化进程的影响（王艺霖和王益民，2016）。

但是，针对这一重要维度，现有研究仍存在缺陷：一是从高管层面研究新兴跨国公司国际化进程的相关文献极其匮乏，而把这一动态过程特质与高层管理者认知变量相结合的理论研究更加匮乏，尚无法形成系统结论指导新兴跨国公司国际化实践；二是现有的国际化进程研究文献均基于“理性人”假设，对高层管理者在国际化战略决策中的认知偏差没有足够的认识。随着行为金融研究的发展与深入，国际化研究中普遍采用的“理性人”假设广受质疑（Barberis & Thaler，2003）。管理者非理性认知研究，尤其是管理者过度自信理论的引入，提供了一个新的视角来研究上述问题，并逐渐得到理论界重视。作为一种普遍存在的认知特征，过度自信在企业高层管理者中表现得更为突出（Ferris，2013）。西方学者将行为金融的基本框架运用于企业决策主题行为研究，开始探讨高管人员过度自信对企业投资决策的影响。研究发现，管理者自大的个人特质，会造成其高估投资收益，低估投资风险，从而盲目实施诸多低收益投资（Malmendier & Tate，2015）。但是目前研究大多局限于管理者过度自信对投资决策结果的影响，鲜有学者对高层管理者过度自信与企业国际化，尤其是与对外直接投资的动态过程特征的相关关系进行论证。在中国传统文化、特殊制度等因素的综合影响下，高层管理者过度自信与新兴跨国公司国际化进程之间的关系是否会展现出与西方发达国家截然不同的一面？这种影响机制是否存在边界机制？对这些问题的回答将是一次有价值的理论尝试。

二　理论模型与研究假设

（一）高层管理团队过度自信与国际化节奏

组织战略决策与战略行为是高层管理团队特征的一种折射和反映。从某种意义上说，高层管理团队塑造了企业国际化的进程，并进而决定了国际化的成败。过度自信是人们普遍存在的心理特征，而高层管理者过度自信的程度要相对更高（Ferris et al.，2003）。Landier 等（2004）对法国创业企业家进行跟踪调查后发现，只有6%的企业家对自己创办的企业前途感到担忧，而56%的企业家对企业未来持乐观态度（Landier et al.，2004）。这极有力地说明高层管理者过度自信是种普遍现象。我们认为，在中国情境下，高层管理者过度自信程度越高，企业国际化不规律性会越强。其原因在于：首先，高层管理者的过度自信主要有三种表现：一是高估自己的能力，具体表现在其认为自身具有更全面的知识、更多的管理技能以及更强的掌控大局的能力（Weinstein，1980）；二是高估预期收益和未来回报，低估可能出现的风险（Malmendier & Tate，2005）；三是高估私人信息产生信号的准确性（江晓东，2005）。当发现海外投资机会时，在过度自信心理作用的驱动下，高层管理者会过高估计海外扩张的成功率和收益，而不考虑可能出现的风险以及客观条件的约束（姜付秀，2005），从而导致高频率的投资。另外，由于其过分相信其所获取信息的准确性，高层管理者会相对忽略对项目的系统评估，在机会主义的驱动下，其对外直接投资的不规律性也会显著增强。作为最重要的投资类型之一，对外直接投资需要面对与母国差异明显的经济、制度及文化差异，从而面临更大的不确定性。在面对较高的不确定性时，相对于理性管理者，过度自信的企业高层管理者更容易出现认知偏差和控制幻觉（Doukas & Petmezas，2007），从而导致企业国际化不规律性增强。

其次，中国传统文化为企业高层管理者的过度自信心理形成提供了条件。受儒家长期推崇的“君君臣臣”思想影响中国企业高层管理者容易过高估计其自身能力及投资成功概率，从而增强其过度自信程度。一批走在国际化实践前列的中国企业，其第一代领导者，在企业国际化战略决策过程中都发挥着巨大的作用与影响力，即使其即将面临退休，在一定时期内，这部分管理者对企业决策仍将具有重要的影响。多年的成功及所获得荣誉会加深其过度自信心理（姜付秀，2005），从而进一步推动新兴跨国公司对外直接投资的节奏。

鉴于以上分析，在传统文化和外部制度环境的双重影响下，中国跨国公司高层管理者会更容易高估其能力及投资收益，忽略投资风险。当出现潜在投资信号时，新兴跨国公司高层管理者会更容易进行海外直接投资，导致新兴跨国公司国际化不规律性增强。因此，我们提出如下假设：

H1：在对相关因素进行控制的前提下，高层管理团队过度自信与国际化节奏正相关，即高层管理团队过度自信会导致新兴跨国公司国际化进程“跳跃性”。

（二）内部股权结构的调节效应

内部股权结构对企业投资行为具有重要影响。我们认为，国有股比例增高会促进高层管理团队过度自信对国际化节奏的正向影响。其原因在于：首先，国有股比例较高企业存在低效率现象，究其原因主要在于对管理者的有效监督和激励机制具有较高难度（李文贵、余明桂，2005）。在较弱的监督及激励机制下，管理者对企业资源的控制能力增强，对企业运作效率的追求动力却并未随之提高（李寿喜，2007）。在这种情况下，高层管理团队在过度自信心理的驱动下，会进一步忽略投资风险，高估投资收益，机会主义行为会增加。

其次，国有股权能够提升企业获取资源的能力。国有股权可以促进企业与政府、国有银行之间的联系更加紧密，从而企业可以更便利地取得银行贷款和投资机会（陆瑶等，2011）。有形资源是企业创新、战略开发及探索的必要条件（Chang & Rhee，2011）。当出现国际化投资信号时，资源充足的企业更有条件和机会迅速获取。与资源匮乏企业相比，在资源约束更加宽松的情况下，管理者对资源焦虑度较低，过度自信程度会显著提升，会更倾向于更加激进的国际化扩张。

最后，国有股权是产生预算软约束的充分条件之一。国有股权的存在减轻了企业业绩下滑压力。当出现业绩下降或者亏损时，国有股权的存在往往可以使企业更便利地获取政府补贴。在这种背景下，企业管理者会进一步忽略投资风险，加速国际化进程。

鉴于以上分析，国有股权的存在，一方面，会提升企业获取资源能力，降低业绩下滑压力；另一方面，会导致企业缺乏有效监督和激励机制。在这些因素的影响下，高层管理团队过度自信对国际化进程的促进作用会得到强化。因此，我们提出如下假设：

H2：内部国有股权比例增加会促进高层管理团队过度自信对国际化节奏的正向效应。

（三）外部产业国际化压力的调节效应

在经济全球化飞速发展的背景下，市场和产业全球化程度不断加深，企业竞争环境会随之发生重大变化，其必然会对企业国际化战略选择造成显著影响。随着后危机时代的到来，新兴跨国公司普遍面临着国际化压力。但由于不同行业及企业具备的特点差异，其所面临的国际化压力也可能不同。本节认为，对新兴跨国公司而言，产业国际化程度越高，国际化压力越大，高层管理团队过度自信对国际化节奏促进效应会受到遏制。其原因在于：首先，产业国际化竞争压力增加，海外扩张不确定性增加，高层管理者的国际化意识尤其是国际化风险意识会得到增强。企业通过国际化经验的逐渐积累进行组织学习，并进而通过经验性知识获取的渐进过程努力实现国际化不确定性的最小化。这种组织学习过程，实际上意味着企业在国际化进程中动态决策的不断积累，而国际化决策归根到底取决于企业以往在国际化网络中所积累经验的基础上形成的资源和能力。对外直接投资需要企业具备搜寻适宜合作伙伴、构建前组织复杂谈判、跨文化合作关系管理、消化吸收新知识以及平衡协调不同国家内在结构不稳定与组织惯性之间矛盾的能力（Wagner，2004）。作为国际经营的后来者，新兴跨国公司国际化经验欠缺，在国际化竞争中并不具备优势，产业国际化程度越高，企业面临风险越大，对资源和能力要求越高，经验、资源以及能力的欠缺必然使得国际化扩张道路充满困难，而这些困难会使得高层管理者降低对其自身能力的过高估计，也会令其重新评估战略风险，从而在进行海外布局时会更加谨慎评估其战略选择。

其次，在国际化竞争压力较大的产业，企业的进入退出相对频繁，这相当于给在位企业家时时敲醒警钟，从而提高其对风险的敏感度。种种现实会进一步帮助管理者重新认识国际化风险，规避认知误区，谨慎制定国际化战略，从而遏制在过度自信心理驱动下的不规律性较强的国际化进程。

鉴于以上分析，在面临巨大的外部国际化压力时，国际化不确定性增加，管理者会更加谨慎评估海外布局及进程。在这些因素的影响下，高层管理团队过度自信对国际化进程的促进作用会受到削弱。因此，我们提出如下假设：

H3：外部产业国际化压力会削弱高层管理团队过度自信对国际化节奏的正向效应。

三 研究设计

（一）数据来源

本节的研究对象是具有国际化行为的中国上市公司，其确定标准是报告期内存在海外销售收入。基于国泰安上市公司数据库、巨潮资讯网中国上市公司年度报告资源等，本团队对2007—2013年度内上海与深圳证券交易所发行A股挂牌上市且存在国际化行为的中国上市公司相关数据进行了人工搜集整理、数据挖掘，共获得初始样本1392家。由于“国际化节奏”概念测量所需，本节通过手工查询企业网站“大事记”“历史沿革”“发展历程”等模块，获得“国际化元年”数据可得且2007—2013期间存在海外子公司的上市企业370家。由于数据收集难度远超过预估，本团队从2014年1月开始手动收集数据，但直至2015年3月才将2007—2013年数据收集完毕，并在此基础上形成此文，因此实证分析数据截止至2013年。在此基础上，本节在样本选取过程中剔除了所需数据严重缺失的公司样本，最终获得301家企业，共计1754个观测值的非平衡面板数据。本节所需数据主要通过CSMAR、WIND、RESSET等数据库收集，缺失数据通过上市公司年报、公司网站等渠道进行补充。根据证监会行业分类标准，样本所在行业涵盖《国民经济行业分类》（GB/T 4754—2011）06—46共41大类，制造业占绝大多数，比例为97.2%。

（二）变量定义

1. 被解释变量

本节将刻画国际化进程动态波动的国际化节奏设定为被解释变量。

国际化节奏（*Rhythm*）。借鉴 Vermeulen 和 Barkema（2002）以及 Chang 和 Rhee（2011）的相关研究，本节将国际化节奏作如下定义，其计算公式为：

$$rhythm = \left\{\frac{n(n+1)}{(n-1)(n-2)(n-3)}\sum\left(\frac{x_i-\bar{x}}{s}\right)^4\right\} - \frac{3(n-1)^2}{(n-2)(n-3)} \tag{5—6}$$

其中，n 表示观测值的数量；x_i 表示企业在第 i 年对外扩张的数量；s 表示对外直接投资数量的标准差。峰值的计算是利用从基期开始顺延四年的海外子公司扩张数量进行计算。比如，2007 年的峰值计算是通过对 2007—2010 年的国际化扩张数量进行公式运算得出。国际化节奏衡量的是企业对外直接投资随时间的波动情况。如果企业对外直接投资存在较高峰度时，节奏值会较高，表示企业对外直接投资不规律性增强，反之，节奏值越低，代表企业对外直接投资规律性越强。

2. 解释变量

高层管理团队过度自信（Over-confidence）。目前对管理层过度自信程度的测量方法并不统一，主要有以下几种：管理层的持股状况变动（余明桂、夏新平、邹振松，2016）、企业预测盈余与实际盈余比较（卢昌崇、马超，2013）、企业景气指数（Denicolai & Zucchella，2014）、高管薪酬比例（陈夙、吴俊杰，2010）等。企业景气指数是以产业为测量对象，难以呈现企业管理者的个别特征。而相对于本节所研究问题及采纳样本，相关媒体对管理层评价的数据难以获取，因此本节采用管理层的持股状况变动作为高层管理团队过度自信的测量指标。此外，稳健性检验中将采用盈余预测作为管理者过度自信的替代变量。

管理层持股变动法的基本思路是指理性管理者通常会选择在股票价

格较高时行使股票期权。如果在股价表现好于大盘时，管理者仍然不行使期权甚至增持股票，这就意味着管理者对企业前景有乐观估计，属于过度自信的管理者。因此本节判断高管是否过度自信的条件是：

$$H_i - H_{i-1} \geqslant 0 \tag{5—7}$$

$$\frac{P_i}{P_{i-1}} < \frac{Index_i}{Index_{i-1}} \tag{5—8}$$

其中，H_i 表示第 i 年年末企业高管持有本公司股票的总股数；P_i 表示第 i 年年末本公司的股票价格；$Index_i$ 表示第 i 年年末大盘股票指数。如果同时满足上述两个条件，即可判定高管是过度自信的，则赋值为 1；否则赋值为 0。

3. 调节变量

国有股比例（*SST*）。本节以国有股占总股本比例进行测量。

产业国际竞争压力（*LIT*）。Makhija 等人（1997）提出的 *LIT* 指标能够衡量产业融入全球网络的程度，因此可以用来测量企业所在产业所面临的全球化竞争压力。其计算公式为：

$$LIT_{it} = \frac{X_{it} + M_{it}}{P_{it} + M_{it} - X_{it}} \tag{5—9}$$

其中，X_{it} 代表 i 产业在 t 年的出口值，M_{it} 代表产业进口值，P_{it} 代表产业总产值。本节遵循 Makhija 等（1997）以及 Chang 和 Rhee（2011）的做法，通过世界银行 Bilateral Trade 数据库、UN Comtrade 数据库以及国家统计局网站获取相关产业数据，该数据使用 SITC 三位数产业分类。在此基础上，对照中国《国民经济行业分类》（GB/T 4754—2011）大类分类进行转换，最终依次算出各产业 *LIT* 值。*LIT* 值越大，代表产业国际化程度越高，企业所面临的国际化压力越大。

4. 控制变量

根据以往相关文献，本节将对以下变量进行控制：

企业规模（*Firmsize*）。企业规模越大，意味着有更多资源和机会进行国际化扩张，因此对国际化进程有直接影响。本节用总资产对数来测量企业规模。

企业年龄（*Age*）。企业年龄增长意味着管理经验增加。国际化知识及经验积累越丰富，国际化节奏可能会越激进。本节采取企业已创建年限进行测量。

有形资源冗余（*Leverage*），其中资产负债率最为广泛应用。财务杠杆代表企业通过举债所能控制的高于自身权益资本的资源数量。本节选择资产负债率（*Leverage*）来测量企业内部潜在可用的有形资源数量。资产负债率越高，表示企业内部资源冗余越低。

企业性质（*Ownership*）。国有企业往往承担着经济利益之外的政治任务。本节用企业的最终控制权测量企业性质。本节将企业性质设定为虚拟变量，若企业最终控制权掌握在政府手中则设定为1，否则赋值为0。

知识资本（*KI*）。企业层面的知识密集度可以从流量和存量两个角度进行测量（梁上坤，2015）。根据本书的研究目的，知识资本的累积对于企业国际化进程而言至关重要，因此本节采用知识资本存量的测量方法，其计算公式为企业内部无形资产与总资产比值。

国际化程度（*DOI*）。企业的国际化需要付出时间和资源进行经验型学习。国际化经营活动的深度意味着企业国际化经营积累经验的深度，其对国际化进程有显著影响（饶育蕾和王建新，2010）。我们用所观测的国际化经营行为发生之前企业的海外销售收入除以总收入进行测量。

国际化范围（*Scope*）。Casillas 和 Moreno-menendez（2013）认为，企业国际化涉及国家越多，其有关海外市场的累积经验的多样性程度越高，企业的国际化进程必然会受到影响（Casillas & Moreno-Menéndez，2013）。我们用所观测的国际化经营行为发生之前企业已经进入的海外国家数量来进行测量。

另外，对产业（*Industry*）和年份（*Year*）进行了控制。核心变量定义及数据来源如表 5-7 所示。

表 5-7　　变量定义及来源

变量名称	变量符号	变量定义	变量来源
国际化节奏	*Rhythm*	$rhythm=\left\{\frac{n(n+1)}{(n-1)(n-2)(n-3)}\sum\left(\frac{x_i-\bar{x}}{s}\right)^4\right\}-\frac{3(n-1)^2}{(n-2)(n-3)}$	上市公司年报
高层管理团队过度自信	*Overconfidence*	高管持股变动	CSMAR
国有股比例	*SST*	国有股/总股本	CSMAR
外部国际化压力	*LIT*	LIT_{it}=（X_{it}+M_{it}）/（P_{it}+M_{it}−X_{it}） X_{it} 是指 i 产业在 t 年的出口值，M_{it} 是进口值，P_{it} 是总产值	国家统计局网，UN Comtrade database
企业规模	*Firmsize*	总资产自然对数	CSMAR
企业年龄	*Age*	报告期—企业创立时间	CSMAR
产业	*Industry*	《国民经济行业分类》（GB/T4754—2011）大类	CSMAR
有形资源冗余	*Leverage*	总负债/总资产	CSMAR
企业性质	*Ownership*	最终控制权	CSMAR
知识资本	*KI*	无形资产/总资产	CSMAR
国际化程度	*DOI*	海外销售收入/销售收入	CSMAR
国际化范围	*Scope*	海外子公司所处国家数	上市公司年报

（三）模型构建

为了对本节涉及假设进行验证，本节设定以下研究模型：

为检验 H1，设定研究模型 5—10 如下：

$$Rhythm_{i,t}=\beta_0+\beta_1 Overconfidence_{i,t}+\beta_2 C_{i,t}+\varepsilon_{i,t} \quad (5—10)$$

为检验 H2 与 H3 中的调节效应，设定理论模型 5—11 如下：

$$Rhythm_{i,t}=\beta_0+\beta_1 Overconfidence_{i,t}+\beta_2 Overconfidence_{i,t}sst_{i,t}+\beta_3 Overconfidence_{i,t}Lit_{i,t}+\beta_4 C_{i,t}+\varepsilon_{i,t} \quad (5—11)$$

其中，Rhythm 为国际化节奏，是模型的被解释变量；Overconfidence 为管理者过度自信变量，是模型的解释变量。*SST* 和 *LIT* 分别为国有股比例和产业国际化压力，是模型的调节变量。

本节样本包含 301 家企业，共计 1754 个观测值。鉴于国际化元年并不一致，本节所采用数据为非平衡面板数据。研究样本时间跨度为 2007—2013 共计 7 年数据，属于短面板，因此并不需要进行单位根检验。经 Hausman 模型检验后，P 值为零，即拒绝原假设，应选择固定效应模型进行估计。

四　数据分析和结果

（一）检验结果

本节运用 Stata 15.0 统计分析软件进行计量分析。表 5-8 为模型中主要变量的描述性统计分析及相关系数矩阵。自变量之间的相关系数相对较小，进一步进行方差膨胀因子分析后得出 *VIF* 值=1.25，远小于临界值 10。因此，自变量之间不存在严重的多重共线性问题，可以进行多元回归分析。

如表 5-8 所示，样本企业国际化节奏的平均值为 0.535，这表明在样本期间内，新兴跨国公司国际化扩张不规律性较强，充分体现出新兴跨国公司国际化的“跳跃性”特征。管理者过度自信的平均值为 0.752，这表明在新兴跨国公司高层管理者对于企业当前生产经营状况和未来发展体现出较高程度的乐观。

表 5-9 给出了关于国际化节奏的面板数据固定效应估计结果。回归步骤为：模型 1 为基本变量，包含控制变量和调节变量。模型 2 在模型 1 的基础上加入解释变量——高层管理者过度自信。模型 3 以及模型 4 则进一步分别加入调节变量国有股比例和外部产业国际化压力与高管过度自信的交互项。模型 5 为全模型。所有模型均具有显著解释力。

模型 2 结果显示，新兴跨国公司高管过度自信与国际化节奏之间均

表 5-8　描述性统计及相关系数矩阵

	1	2	3	4	5	6	7	8	9	10	11	12
1. *Rhythm*	1											
2. *Overconfidence*	-0.001	1										
3. *Firmsize*	-0.034	0.031	1									
4. *Age*	-0.036	0.049*	0.127*	1								
5. *Industry*	-0.016	0.013	-0.081*	0.117*	1							
6. *Ownership*	-0.030	0.065*	0.413*	0.055*	0.016	1						
7. *Leverage*	0.018	0.036	0.398*	0.108*	0.027	0.111*	1					
8. *KI*	-0.021	0.014	-0.074*	0.022	-0.070*	-0.189*	0.057*	1				
9. *DOI*	0.026	-0.007	-0.365*	-0.218*	0.056*	-0.330*	-0.192*	0.002	1			
10. *Scope*	-0.061*	0.007	0.387*	-0.040	0.149*	0.001	0.217*	-0.085*	0.052*	1		
11. *SST*	0.001	0.007	0.198*	-0.212*	-0.034	0.404*	0.087*	-0.017	-0.196*	-0.062*	1	
12. *LIT*	-0.026	-0.015	-0.141*	-0.018	0.356*	-0.038	-0.100*	-0.036	0.148*	0.139*	0.009	1
Mean	0.535	0.752	22.42	14.76	29.98	0.534	0.5	0.044	0.28	3.807	7.746	0.22
S.D	2.882	0.432	1.42	4.577	8.872	0.499	0.169	0.034	0.265	7.718	16.01	0.36

注：Pearson 系数；* $p<0.05$。

存在显著的正相关关系（beta = 0.005. p<0.05）。这表明当企业高层管理者存在较高程度过度自信时，在中国传统文化及目前转型期特殊制度背景的影响下，由于其对自身能力和投资收益的过高估计以及对投资风险的忽略，导致其对外直接投资呈现出较高的不规律性，即国际化进程整体呈现“跳跃性”。H1 得到验证。

模型 3 检验的是内部国有股比例对高管过度自信与国际化节奏之间关系的调节作用。检验结果表明，国有股比例与高管过度自信的交互项与国际化节奏之间的回归系数显著为正（beta = 0.001. p<0.001），并且这一结果在后续的全模型中依旧稳健。H2 成立。

模型 4 反映的是外部产业国际化竞争压力对高层管理者过度自信与国际化节奏之间关系的调节作用。产业国际化指数与高层管理者过度自信的交互项与国际化节奏之间的回归系数均显著为负（beta = -0.125. p<0.1），也就是说由于产业国际化压力增加导致国际化扩张不确定性增加，高管对风险敏感性会增加。对新兴跨国公司而言，产业国际化程度越高，国际化压力越大，高层管理团队过度自信对国际化节奏的促进效应会受到遏制。假设 3 得到证明。模型 5 将两个调节变量与高管过度自信的交互项同时放入模型，交互项对国际化节奏的影响仍然存在且显著，再次证明 H2、H3 成立。上述结果如表 5-9 所示。

表 5-9　　　　回归结果

变量	Rhythm				
	(1)	(2)	(3)	(4)	(5)
Firmsize	-0.018 (-0.461)	-0.014 (-0.342)	0.009 (0.210)	-0.019 (-0.441)	0.005 (0.111)
Firmsize^2	0.000 (0.412)	0.000 (0.291)	-0.000 (-0.270)	0.000 (0.390)	-0.000 (-0.168)
Age	0.143*** (12.342)	0.142*** (12.171)	0.142*** (12.221)	0.143*** (12.232)	0.143*** (12.283)

续表

变量	Rhythm				
	(1)	(2)	(3)	(4)	(5)
Ownership	0.001 (0.020)	0.000 (0.021)	−0.007 (−0.330)	0.001 (0.062)	−0.006 (−0.291)
Leverage	−0.007 (−0.512)	−0.008 (−0.571)	−0.010 (−0.751)	−0.007 (−0.532)	−0.010 (−0.713)
KI	0.007 (0.158)	0.005 (0.100)	0.014 (0.293)	0.007 (0.149)	0.017 (0.351)
DOI	−0.004 (−0.422)	−0.005 (−0.503)	−0.006 (−0.644)	−0.006 (−0.573)	−0.007 (−0.722)
Scope	−0.001 (−0.892)	−0.001 (−0.831)	−0.000 (−0.643)	−0.001 (−0.873)	−0.000 (−0.692)
SST	0.000 (0.918)	0.000 (0.814)	0.000 (0.574)	0.000 (0.742)	0.000 (0.491)
LIT	0.016 (0.512)	0.022 (0.681)	0.017 (0.532)	0.034 (1.043)	0.030 (0.912)
Industry	控制	控制	控制	控制	控制
Year	控制	控制	控制	控制	控制
Overconfi-dence		0.005* (2.481)	0.005* (2.462)	0.005* (2.482)	0.005* (2.459)
*Overconfi-dence * SST*			0.001*** (4.062)		0.001*** (4.123)
*Overconfi-dence * LIT*				−0.125+ (−1.832)	−0.133+ (−1.952)
_cons	−0.885 (−1.880)	−0.913 (−1.822)	−1.162* (−2.313)	−0.870+ (−1.731)	−1.120* (−2.221)
R^2	0.123	0.127	0.137	0.129	0.139
F	16.801	15.861	16.062	14.993	15.273
N	1754	1754	1754	1754	1754

注：括号中为 *t* 值。*** $p<0.001$，** $p<0.01$，* $p<0.05$，+ $p<0.1$。

（二）稳健性检验

下面对管理者过度自信和国际化节奏之间的关系以及国有股比例和外部国际化压力对这一关系的影响做稳健性检验，以考察前文结论是否会因高管过度自信的测量方法不同而发生变化。我们将上市公司的年度业绩预告与实际业绩之间的关系作为“管理者过度自信”的替代变量，对模型重新进行了回归分析。业绩预告的类型包括 4 种乐观预期（预增、略增、续盈、扭亏）和 4 种悲观预期（预减、略减、首亏、续亏）。同时，上市公司多数会同时公布其预期的变动幅度。对于对企业业绩进行了乐观预估的企业，如果在样本期间，其实际业绩增长幅度低于预期，我们将其定义为过度自信，并将 *Overconfidence* 定义为 1，否则赋值为 0，以这个新的 *Overconfidence* 的替代变量重新对方程进行估计。在模型（1）中，过度自信与国际化节奏之间也仍然呈现显著的正相关关系，国有股比例与过度自信的交互项与国际化节奏之间具有弱的正相关关系（p 值为 1.54），外部国际化压力与过度自信的交互项与国际化节奏之间仍然呈现负相关关系，但不显著。这可能由于样本年限周期较短，国际化节奏值偏少所造成。但是总的来说，检验结果与表 5-9 基本保持一致。本节结果较为稳健。

五 研究启示与局限

本节抛弃管理者的理性假设，基于高阶梯队理论和行为金融理论，尤其是过度自信理论，运用中国沪深两市 A 股上市公司 2007—2013 年面板数据，以管理者为分析对象，探讨高管过度自信对新兴跨国公司对外直接投资节奏特征的影响，并进而考察在内部股权结构和外部国际化压力的双重情境下该影响机制的变化情况。

（一）研究结论

第一，当高层管理者具有较高程度的过度自信认知偏差时，在中国传统文化及转型期特殊制度背景的影响下，管理者会对自身能力和投资收益产生过高估计，并对投资风险选择性忽略，从而导致国际化扩张呈现出较高的不规律性。

第二，当国有股比例较高时，企业高层管理者决策自由度相对较高。同时，国有股权的存在增强了企业获取资源能力，减弱破产及收益下降风险，导致企业高层管理者风险意识更加淡薄。因此，当高层管理者存在过度自信心理时，会更加倾向于激进、跳跃的国际化扩张，即国有股权比例会增强高层管理团队过度自信对国际化进程的影响效应。

第三，由于产业国际化压力增加导致国际化扩张不确定性增加，高管对风险敏感性会增加。对新兴跨国公司而言，产业国际化程度越高，国际化压力越大，高层管理团队过度自信对国际化节奏的促进机制会受到遏制。

（二）研究启示

本节内容对于进一步拓展和丰富国际商务领域和行为金融领域研究，以及进一步理解中国情境下跨国公司的国际化决策行为具有一定意义。新兴跨国公司举世瞩目的国际化进程背后存在着高管的非理性认知。而由于时间压缩不经济性的存在，不规律性较强的国际化扩张可能导致绩效受损。因此，企业应建立完善的治理机制，强化对管理层实施投资，尤其是对外直接投资的监督力度和激励机制，降低因认知误差做出的决策给企业价值带来的损害。除此之外，推动国企改革，加大股权多元化力度，缩短国有股比例过高带来的委托代理链条，使市场在资源配置中起决定性作用以及更好地发挥政府作用。

（三）研究局限

首先，由于数据可得性限制，本节样本并未涉及服务业，随着服务业国际化程度加深，高管过度自信与中国整体企业国际化节奏的关系是否会发生变化，这是本节暂未解决的问题。其次，国际化进程是一个长期的过程，但是由于相关数据的获取难度较高，费时很长，本节数据涉及时间仅限于 2007—2013 年，未来研究应该在此基础上将时间期限向两边延展，从而更深入反映和刻画企业长期的国际化进程特征。最后，这里需要强调的是，本节侧重分析管理者非理性认知对国际化进程的影响，新兴跨国公司“跳跃”的国际化背后隐藏着怎样的理性管理逻辑和动机，怎样将管理者的理性与非理性思考结合起来分析其管理者认知对国际化进程的影响，需要进一步研究解决。

第三节　结论与讨论

性别认知差异是战略管理的前沿研究领域。面对国际化形势的深刻复杂变化，作为国际化战略的决策者和负责人，女性 CEO 将怎样塑造新兴跨国公司的国际化动态过程？本章首先回顾了国际化节奏理论和管理者认知理论的研究进展，然后基于管理者认知视角，构建了女性 CEO 对新兴跨国公司国际化节奏的影响模型并进行实证分析，对新兴跨国公司国际化决策背后的认知逻辑和影响边界进行了探讨。本节在促进女性人力资本发展、优化公司治理结构以及优化企业国际化决策等方面具有实践指导意义。

作为一种普遍存在的认知偏差，过度自信在企业高层管理者中表现得更为突出。管理者过度自信，会造成其高估投资收益，低估投资风险，从而盲目实施诸多低收益投资。基于管理者认知偏差视角，对高层管理者过度自信与对外直接投资的动态过程特征的相关关系进行了探讨，丰富了管理者认知理论和新兴跨国公司国际化进程理论，是一次有价值的理论尝试。

第六章　结论与展望

在文献梳理、现状描述、理论探讨以及实证分析的基础上，本章将对本书整体研究内容和结论进行总结与概括。在此基础上，对研究中可能存在的局限性进行详细阐述，并对未来研究给予了进一步的展望。

第一节　研究结论

作为全球经营的后来者，新兴跨国公司的国际化进程举世瞩目。实际上，在世界经济增长乏力的背景下，对外直接投资的快速增长是新兴跨国公司积极应对全球经济挑战、寻求跨越式发展的战略调整。借力“快速”“跳跃”式对外直接投资行为，新兴跨国公司逐渐深化其参与全球竞争的程度，获取关键性战略资源，实现“弯道超车”的战略目标。但在严重缺乏国际化关键资源与管理能力的基础上，采取大量而且快速的海外并购的扩张方式，新兴跨国公司的国际扩张活动与“高风险”“激进”等特征天然地联系在了一起。管理者认知是国际化决策最直接的影响因素。系统性探讨管理者认知对国际化进程决策的影响机制和边界效应，有助于深入理解新兴跨国公司国际化进程特征背后的独特决策逻辑。本书在明确中国式国际化进程概念和特征的基础上，结合管理者认知视角，构建“认知—战略”系统模型，识别中国式国际化进程背后的管理者认知逻辑，丰富了国际商务领域、战略管理领域以及管理者认知领域的研究成果，同时探索新时代下跨国公司具有中国特色的国际化战略实践、治理实践以及在此基础上的绩效提升道路，具有重要实践意义。在以中国跨国公司作为研究对象进行实证分析之后，本书得出如下研究结论：

第一，市场机遇与国际形势快速变化，全球化环境更趋复杂、严峻和不确定，新兴跨国公司国际化进程面临前所未有的机遇与挑战。全球经济整体保持复苏态势，但内部不确定及不稳定因素仍然较多，复苏动能降低，实现常态化增长仍需时日。新冠肺炎疫情的全球化蔓延、供应链断裂风险、劳动力供给瓶颈、能源价格和通胀压力等因素更是进一步加剧了全球市场的复杂性。在这样的背景下，新兴跨国公司的管理者对国际化战略的选择态度更加谨慎，对外直接投资速度显著降低，国际化扩张逐渐进入海外扩张“慢车道”时代。与此同时，相较于之前的“战略跳跃式”扩张特征，新兴跨国公司的国际化扩张逐渐展现出较高的规律性特征。

第二，新兴跨国公司快速国际化布局背后存在管理者认知偏差因素。过度自信的认知偏差会导致国际化决策出现明显的“机会主义倾向”，但只会促使新兴跨国公司对外直接投资承诺快速增加，国际化区域的扩张速度并未受到显著影响，从而可能导致新兴跨国公司过度聚焦于“开发式”扩张，而忽略“探索式”扩张，战略双元平衡度失衡，对企业长期绩效产生一定危害。与此同时，政治网络有助于跨国公司获取发展所需的各种重要资源，也可以帮助跨国公司更全面地了解政策动态和信息，从而降低机会主义倾向。在资源效应和信息效应的双重影响下，政治网络在过度自信与国际化速度之间的影响机制方面存在显著的调节作用，具体体现为先促进后遏制的作用。

第三，CEO 权力是影响高层管理团队认知过程的重要情境要素。CEO 拥有的权力越高，行为趋近系统越容易被激发，表现为更加关注国际化机会的及时把握，而忽略其风险，从而对企业的国际化扩张表现出积极态度。这种态度会体现在 CEO 与高层管理团队的各项流程与沟通环节上，从而形成能够影响高层管理团队注意力配置的重要组织情境。CEO 权力增强带来的对国际化扩张的乐观情绪会直接导致高层管理团队国际化风险注意力的降低。同时，高层管理团队在国际化风险上的注意力配置强度越高，其战略选择的风险承担水平越低，越倾向于风险性较低的行动方案，从而减少海外投资项目，降低企业国际化扩张速度；反之，高层管理团队在国际化风险上的注意力配置强度越低，其战略选择的风险承担水平越高，越倾向于风险性较高的行动方案，从而增加海外投资项目，促使企业国际化速度的快速增加。

第四，CEO 性别差异会导致截然不同的认知逻辑，从而在国际化决策中有所体现。女性 CEO 具有综合性更高的注意力焦点以及更客观的因果逻辑，对国际化机会感知度相对较低，倾向于规律性更高的国际化扩张模式。随着 CEO 受教育程度的提升，女性 CEO 对自身能力及决策行为的自信程度显著增强，有效调整了其综合性较高的注意力焦点，对国际化机会的关注明显增加，降低了女性 CEO 对规律性国际化节奏的倾向性；而追求“社会角色”匹配的女性 CEO 会在高层管理团队任务导向断裂带强度增加时，更加关注团队认同，并综合考虑每位成员的意见，注意力焦点分散度增加，决策谨慎度进一步增强，因而进一步加深对规律性国际化扩张模式的偏好。

第六，过度自信的管理者会对自身能力和投资收益产生过高估计，对投资风险选择性忽略，导致国际化扩张呈现出明显“跳跃性”特征。当国有股比例较高时，高层管理海外投资自由度会提高。同时，国有股权的存在增强了企业获取资源能力，减弱破产及收益下降风险，在一定程度上进一步降低管理者的风险意识，从而进一步增强了过度自信对新兴跨国公司国际化节奏的影响效应。另外，伴随产业国际化压力增加，高管将不得不更为关注国际化风险，过度自信对节奏的促进效应会受到明显遏制。

第二节　不足与展望

本书在明确新兴跨国公司国际化进程概念和特征的基础上，结合性别认知差异、过度自信、注意力基础观、管理者权力、绩效反馈等经典理论视角，从认知结构、认知偏差、认知过程等多维度出发，对管理者认知与新兴跨国公司国际化进程之间的关系进行了系统研究，对国际商务领域和管理者认知领域都有重要的理论价值，同时对新兴跨国公司治理实践和国际化战略选择具有较高的实践指导价值。尽管本书围绕新兴跨国公司国际化进程实践和管理者影响机理开展了较为深入的研究，在研究内容、理论视角、结构安排等方面均具有一定前瞻性，但是由于时间和能力的限制，本书仍存在一些研究局限。

第一，经典国际商务领域长期忽略国际化进程的动态、多维和向量特征。尽管国际化进程研究正逐渐成为研究的热点，但国际化进程的维度并未在理论界取得共识。到目前为止，国际化进程研究主要涉及国际化进程的速度、节奏和范围三个方面。国际化速度是指国际化战略各维度随时间发展的变动早晚或者快慢；国际化节奏是指国际化战略维度随时间发展的不规律程度；而国际化范围是指国际化扩张的海外地理位置数量。我们认为，国际化范围在本质上仍然属于跨国公司国际化活动在某一时间截面的静态特征，因此本书仅将国际化范围与时间维度相结合来刻画国际化速度在不同维度的特征表现，而并未将国际化范围纳入国际化进程的研究范围。未来研究可以尝试从更多的层面和维度去构建一个完整系统的国际化进程模型，从而进一步丰富及深化新兴跨国公司国际化战略的动态研究。

第二，本书将国际化速度分为基于深度和基于广度两种维度，并将其与组织双元理论相结合，有助于深化对国际化进程的理解。但是，本节中仅仅是对对外直接投资这种国际化模式数量和范围变化率的刻画，其他能够体现国际化开发和探索的指标，比如多种国际化模式及产品类型的深度与范围变化尚未涉及。未来研究可以尝试从国际化活动的更多侧面和角度入手，从而能够更加立体深入地阐释跨国公司的国际化进程特征。

第三，由于数据可获得性限制，本书并未对国际化节奏特征进行维度和方向的划分。但是，与国际化速度相类似，国际化节奏同样是一个多维、多元的概念。比如，国际化扩张可能是以较有规律性的节奏全部投资于发达国家市场，也可能是全部投资于新兴经济体，或者是海外投资区位选择并没有明显局限。未来的研究可以尝试将国际化节奏与区位、模式、方向等维度相结合以实现对国际化进程复杂动态特征的精确刻画，可能是未来研究的可选路径之一。

第四，本书基于管理者认知视角，系统性考察了管理者认知对新兴跨国公司国际化进程特征的影响机制。鉴于管理者认知的丰富性和复杂性，未来研究可进一步从群体层面、社会层面、制度层面、组织层面、网络层面等多角度挖掘更丰富的认知情境变量进行考察，有利于更加全面地审视和理解管理者认知对国际化进程的全面影响。

第五，在研究方法方面，现实中国际化进程极具复杂性。时间维度上，国际化速度并非延续同一种趋势发展，而是可能出现逆转，甚至去国际化现象出现。区域维度上，国际化扩张可能向制度距离较近的国家或地区快速发展，也可能向制度距离较远的国家或地区缓慢发展。即使国际化速度和节奏类似，国际化扩张的区域也可能会有很明显的区别。这类复杂但有趣的国际化扩张特征难以用二手数据进行分析。质性研究方法应该成为未来研究国际化进程特征的重要工具。

第六，由于研究时间和能力的限制，本章的研究对象仅仅局限于治理结构相对完善的上市企业，对中小企业的适用性尚无法确定。除此之外，国际化进程是一个长期的过程，但是由于数据获取难度的限制，本书的样本数据难以更深入地刻画新兴跨国公司国际化进程的长期特征。将时间期限向两端延展，聚焦于新兴跨国公司国际化活动长期规律是今后的重要研究方向。

参考文献

柴忠东、孙卓：《亚洲新兴市场企业“加速的国际化”现象剖析》，《中大管理研究》2012 年第 2 期。

陈初昇、燕晓娟、衣长军、郭敏敏：《国际化速度、营商环境距离与海外子公司生存》，《世界经济研究》2020 年第 9 期。

陈建勋、耿伟芝、赵正一：《跨国并购中 CEO 的过度自信：理性还是非理性？——基于扎根研究的案例分析》，《财经研究》2017 年第 3 期。

陈夙、吴俊杰：《管理者过度自信、董事会结构与企业投融资风险——基于上市公司的经验证据》，《中国软科学》2014 年第 6 期。

陈威如、王节祥：《依附式升级：平台生态系统中参与者的数字化转型战略》，《管理世界》2021 年第 10 期。

陈伟宏、钟熙、蓝海林、宋铁波：《范围、速度与节奏——高管过度自信对国际化进程的影响》，《管理评论》2021 年第 3 期。

陈伟宏、钟熙、蓝海林、周荷晖：《探索还是防御？CEO 过度自信与企业战略导向》，《科学学与科学技术管理》2019 年第 5 期。

陈震、丁忠明：《基于管理层权力理论的垄断企业高管薪酬研究》，《中国工业经济》2011 年第 9 期。

成瑾、白海青、刘丹：《CEO 如何促进高管团队的行为整合——基于结构化理论的解释》，《管理世界》2017 年第 2 期。

程聪、贺易宁、严璐璐、贾良定：《组织时间管理如何作用于企业国际化速度?》，《外国经济与管理》2022 年第 1 期。

程锐、倪恒旺、李常青：《女性董事的风险规避与董事会保证行为研究——来自沪市的经验证据》，《华东经济管理》2016 年第 4 期。

董彩婷、柳卸林、张思：《创新生态嵌入和政治网络嵌入的双重作用对企业创新绩效的影响》，《管理评论》2020 年第 10 期。

董临萍、宋渊洋：《高管团队注意力与企业国际化绩效：权力与管理自由度的调节作用》，《管理评论》2017 年第 8 期。

樊纲、王小鲁、朱恒鹏：《中国市场化指数——各省区市场化相对进程报告》，经济科学出版社 2006 年版。

方宏：《中国企业国际化速度研究：基于行为战略视角》，经济管理出版社 2019 年版。

方宏、王益民：《“欲速则不达”：中国企业国际化速度与绩效关系研究》，《科学学与科学技术管理》2017 年第 2 期。

方宏、王益民：《基于深度与广度的国际化速度：过度自信与政治网络的作用》，《山东大学学报》（哲学社会科学版）2018 年第 1 期。

方宏、王益民：《女性 CEO 如何影响中国企业国际化节奏？》，《外国经济与管理》2021 年第 1 期。

方宏、王益民、孙晨：《CEO 权力与国际化速度——TMT 风险注意力的中介作用》，《管理评论》2021 年第 9 期。

淦未宇：《女性高管抑制了企业 R&D 投资吗？——基于中国上市公司的实证检验》，《西南政法大学学报》2018 年第 2 期。

高照军、曹玉瑾、陈运森：《政治关联是“谁”的资源：一个内外部相结合的视角》，《华东经济管理》2015 年第 5 期。

葛菲、田启涛、贺小刚：《产权性质和制度质量调节作用下的 CEO 过度自信与企业国际扩张研究》，《管理学报》2020 年第 7 期。

海本禄、聂鸣：《国际化、创新与企业绩效：基于湖北省的实证研究》，《科研管理》2012 年第 4 期。

海本禄、尹西明、陈劲：《CEO 特征、研发投资与企业绩效》，《科学学研究》2020 年第 2 期。

洪正、郭培俊：《努力不足、过度冒险与金融高管薪酬激励》，《经济学（季刊）》2012 年第 4 期。

胡望斌、焦康乐、张亚会：《创业认知能力：概念，整合模型及研究展望》，《外国经济与管理》2019 年第 10 期。

黄栋、方宏、王益民：《国际化节奏视角下对外直接投资广度对创新绩效的影响研究》，《山东社会科学》2022 年第 7 期。

黄莲琴、主富峰：《产权性质、高管政治网络与公司资本配置效率》，《华东经济管理》2015 年第 2 期。

黄胜、叶广宇、丁振阔：《国际化速度、学习导向与国际新创企业的国际绩效》，《科学学与科学技术管理》2017 年第 7 期。

黄胜、叶广宇、申素琴、周劲波：《企业国际化速度研究述评》，《科研管理》2017 年第 6 期。

江晓东：《投资者过度自信理论与实证研究综述》，《外国经济与管理》2005 年第 9 期。

姜付秀、张敏、陆正飞、陈才东：《管理者过度自信、企业扩张与财务困境》，《经济研究》2009 年第 1 期。

蒋殿春、唐浩丹：《数字型跨国并购：特征及驱动力》，《财贸经济》2021 年第 9 期。

李璨、吕渭星、周长辉：《绩效反馈与组织响应：文献综述与展望》，《外国经济与管理》2019 年第 10 期。

李杰义、闫静波、王重鸣：《海外网络嵌入性、国际学习与国际化速度》，《科学学研究》2019 年第 1 期。

李杰义、闫静波、王重鸣：《双重网络嵌入性、学习能力与国际化速度——快速国际化情境下的实证研究》，《经济管理》2018 年第 9 期。

李杰义、左秀雯：《海外网络嵌入与国际化速度对技术创新的影响》，《科技进步与对策》2019 年第 11 期。

李金早、许晓明:《高阶管理理论及其完善与拓展》,《外国经济与管理》2008 年第 10 期。

李莉、于嘉懿、赵梅、顾春霞:《管理防御视角下的国企创新——基于国企高管“作为”“不作为”的探讨》,《科学学与科学技术管理》2018 年第 3 期。

李璐璐:《企业家精神、动态能力与国际新创企业的国际化速度——基于环境不确定性的调节作用》,《国际商务财会》2021 年第 17 期。

李胜楠、牛建波:《高管权力研究的述评与基本框架构建》,《外国经济与管理》2014 年第 7 期。

李寿喜:《产权、代理成本和代理效率》,《经济研究》2007 年第 1 期。

李文贵、余明桂:《民营化企业的股权结构与企业创新》,《管理世界》2015 年第 4 期。

李自杰、张般若:《基于复合基础观的组织冗余与新兴市场企业国际化速度研究——环境丰富性与组织双元并进的调节作用》,《东北大学学报》(社会科学版)2020 年第 4 期。

连燕玲、叶文平、刘依琳:《行业竞争期望与组织战略背离——基于中国制造业上市公司的经验分析》,《管理世界》2019 年第 8 期。

梁上坤:《管理者过度自信、债务约束与成本黏性》,《南开管理评论》2015 年第 3 期。

林明、戚海峰、鞠芳辉:《国企高管团队任务断裂带、混合股权结构与创新绩效》,《科研管理》2018 年第 8 期。

林治洪、陈岩、秦学志:《基于制度视角的企业国际化速度对绩效的影响研究:来自中国上市公司的经验分析》,《产业经济研究》2013 年第 1 期。

刘江、万江红:《中国的女性教育优势被低估了吗?——基于教育部全国数据的分析》,《中国青年研究》2020 年第 9 期。

卢昌崇、马超：《高管过度自信、政治联结与并购绩效——基于中国民营上市公司的实证研究》，《辽宁师范大学学报》（自然科学版）2012年第4期。

陆瑶、何平、吴边：《非控股国有股权、投资效率与公司业绩》，《清华大学学报》（自然科学版）2011年第4期。

吕迪伟、蓝海林、陈伟宏：《绩效反馈的不一致性与研发强度的关系研究》，《南开管理评论》2018年第4期。

马云飙、石贝贝、蔡欣妮：《实际控制人性别的公司治理效应研究》，《管理世界》2018年第7期。

权小锋、吴世农：《CEO权力强度、信息披露质量与公司业绩的波动性——基于深交所上市公司的实证研究》，《南开管理评论》2010年第4期。

冉启斌、陈伟宏、张平：《高管过度自信、企业国际化经验与企业海外子公司生存率》，《科学学与科学技术管理》2020年第8期。

饶育蕾、王建新：《CEO过度自信、董事会结构与公司业绩的实证研究》，《管理科学》2010年第5期。

任鸽、陈伟宏、钟熙：《高管国际经验、环境不确定性与企业国际化进程》，《外国经济与管理》2019年第9期。

史轩亚、薛敏、杜义飞、万青松：《资源获取互动及其双缓冲机制——基于CMNEs应对国际化节奏不规律的事件路径分析》，《南开管理评论》2021年第2期。

宋铁波、钟熙、陈伟宏：《期望差距与企业国际化速度：来自中国制造业的证据》，《中国工业经济》2017年第6期。

田曦、王晓敏：《企业国际化速度与企业绩效——高管过度自信与海外背景的影响》，《国际商务》（对外经济贸易大学学报）2019年第3期。

万良勇、胡璟：《网络位置、独立董事治理与公司并购——来自中国上市公司的经验证据》，《南开管理评论》2014年第2期。

王福胜、王也、刘仕煜：《媒体关注、管理者过度自信对盈余管理的影响研究》，《管理学报》2022 年第 6 期。

王福胜、郑茜月、张东超：《范围、速度和节奏国际化战略提升了企业创新绩效吗?》，《中国软科学》2022 年第 S1 期。

王菁华、茅宁：《企业风险承担研究述评及展望》，《外国经济与管理》2015 年第 12 期。

王艺霖、王益民：《高层管理人员权力与中国企业的国际化节奏研究》，《管理学报》2016 年第 3 期。

王益民、方宏：《中国企业国际化过程的“加速”和“跳跃”：过度自信视角》，《管理科学》2018 年第 2 期。

王益民、方宏、余华松：《社会网络动态演化与新创企业的国际化成长——基于三家国际新创企业的跨案例研究》，《山东大学学报》（哲学社会科学版）2014 年第 5 期。

王益民、梁枢、赵志彬：《国际化速度前沿研究述评：基于全过程视角的理论模型构建》，《外国经济与管理》2017 年第 9 期。

卫旭华、刘咏梅、岳柳青：《高管团队权力不平等对企业创新强度的影响——有调节的中介效应》，《南开管理评论》2015 年第 3 期。

魏凡、黄远浙、钟昌标：《对外直接投资速度与母公司绩效：基于吸收能力视角分析》，《世界经济研究》2017 年第 12 期。

巫景飞、何大军、林暐、王云：《高层管理者政治网络与企业多元化战略：社会资本视角——基于我国上市公司面板数据的实证分析》，《管理世界》2008 年第 8 期。

吴光炳：《“官本位”：企业家职业化的最大障碍》，《经济体制改革》1998 年第 1 期。

吴建祖、龚敏：《基于注意力基础观的 CEO 自恋对企业战略变革影响机制研究》，《管理学报》2018 年第 11 期。

吴建祖、关斌：《高管团队特征对企业国际市场进入模式的影响研究——

注意力的中介作用》，《管理评论》2015 年第 11 期。

吴建祖、肖书锋：《创新注意力转移、研发投入跳跃与企业绩效——来自中国 A 股上市公司的经验证据》，《南开管理评论》2016 年第 2 期。

吴建祖、肖书锋：《创新注意力转移、研发投入跳跃与企业绩效——来自中国 A 股上市公司的经验证据》，《南开管理评论》2016 年第 2 期。

吴建祖、曾宪聚、赵迎：《高层管理团队注意力与企业创新战略——两职合一和组织冗余的调节作用》，《科学学与科学技术管理》2016 年第 5 期。

吴剑峰、雷震、乔璐：《速度为王：国际化扩张速度与企业绩效的元分析》，《国际商务》（对外经济贸易大学学报）2022 年第 1 期。

吴文锋、吴冲锋、芮萌：《中国上市公司高管的政府背景与税收优惠》，《管理世界》2009 年第 3 期。

肖鹏、李荣：《国际化双元与企业绩效的关系研究综述》，《北京化工大学学报》（社会科学版）2021 年第 1 期。

熊会兵、邓新明：《中国企业国际化扩张驱动因素研究》，《经济管理》2010 年第 7 期。

徐高彦、李桂芳、陶颜、刘洪：《“扶大厦之将倾”：女性高管、危机企业反转与管理者认知》，《外国经济与管理》2020 年第 5 期。

许晖、郭净：《中国国际化企业能力——战略匹配关系研究：管理者国际注意力的调节作用》，《南开管理评论》2013 年第 4 期。

许晖、万益迁、裴德贵：《高新技术企业国际化风险感知与防范研究——以华为公司为例》，《管理世界》2008 年第 4 期。

许晖、余娟：《企业国际化经营中关键风险的识别研究》，《南开管理评论》2007 年第 4 期。

薛有志、周杰：《产品多元化、国际化与公司绩效——来自中国制造业上市公司的经验证据》，《南开管理评论》2007 年第 3 期。

严子淳、王伟楠、李欣、陈劲：《企业国际化扩张中的跨境电商平台利用——基于社会网络的研究》,《南开管理评论》2021 年第 6 期。

杨丽丽、赵进:《资源基础视角下的国际化与企业绩效关系——以江苏制造业企业为例》,《科学学与科学技术管理》2010 年第 12 期。

杨挺、陈兆源、李彦彬:《展望 2022 年中国对外直接投资趋势》,《国际经济合作》2022 年第 1 期。

杨忠、张骁:《企业国际化程度与绩效关系研究》,《经济研究》2009 年第 2 期。

叶玲、王亚星:《管理者过度自信、企业投资与企业绩效——基于我国 A 股上市公司的实证检验》,《山西财经大学学报》2013 年第 1 期。

游家兴、刘淳:《嵌入性视角下的企业家社会资本与权益资本成本——来自我国民营上市公司的经验证据》, 《中国工业经济》2011 年第 6 期。

余明桂、夏新平、邹振松:《管理者过度自信与企业激进负债行为》,《管理世界》2006 年第 8 期。

余天骄、肖书锋:《企业期望落差强度与持久度对国际化速度的影响研究》,《管理评论》2023 年第 4 期。

袁铂宗、祁欣:《对外投资合作促进"双循环"新发展格局的实践路径及优化对策》,《国际贸易》2021 年第 9 期。

曾德明、苏亚、万炜:《国际化程度和企业绩效 M 型曲线关系研究》,《科学学与科学技术管理》2016 年第 4 期。

张长征、李怀祖:《经理自主权、高管报酬差距与公司业绩》,《中国软科学》2008 年第 4 期。

张敏、童丽静、许浩然:《社会网络与企业风险承担——基于我国上市公司的经验证据》,《管理世界》2015 年第 11 期。

张明、蓝海林、曾萍:《管理者过度自信:研究述评与展望》,《外国经济与管理》2019 年第 2 期。

张宇婷、余沙沙:《促进还是阻碍?国际化速度与企业绩效的关系研究——基于 Meta 分析方法》,《山东财经大学学报》2022 年第 5 期。
张振刚、户安涛、张君秋:《国际化节奏对企业创新的影响研究》,《科学学研究》2021 年第 11 期。
张振刚、户安涛、张君秋:《国际化扩张节奏对企业绩效影响的实证研究》,《管理学报》2022 年第 3 期。
赵奇伟、周莹:《行业内国际化经验多样性、外来者劣势与企业国际化速度》,《南开经济研究》2021 年第 5 期。
钟熙、陈伟宏、林越颖:《CEO 特征、国际化速度与企业绩效》,《中国科技论坛》2018 年第 9 期。
钟熙、陈伟宏、宋铁波、翁艺敏:《CEO 过度自信、管理自主权与企业国际化进程》,《科学学与科学技术管理》2018 年第 11 期。
钟熙、宋铁波、陈伟宏:《CEO 任期差距、管理自主权与企业国际化战略——基于社会比较视角的分析》,《预测》2019 年第 1 期。
钟熙、宋铁波、陈伟宏、翁艺敏:《企业国内多元化与企业国际化速度》,《外国经济与管理》2019 年第 2 期。
钟熙、宋铁波、陈伟宏、翁艺敏:《外资持股、期望落差与企业国际化进程》,《管理评论》2021 年第 8 期。
周荷晖、陈伟宏、蓝海林:《“循规蹈矩”更有利可图吗?国际化节奏与企业绩效的关系研究》,《科学学与科学技术管理》2019 年第 1 期。
周虹、李端生:《高管团队异质性、CEO 权力与企业内部控制质量》,《山西财经大学学报》2018 年第 1 期。
周建、金媛媛、袁德利:《董事会人力资本、CEO 权力对企业研发投入的影响研究——基于中国沪深两市高科技上市公司的经验证据》,《科学学与科学技术管理》2013 年第 3 期。
周建、李小青、杨帅:《任务导向董事会群体断裂带、努力程度与企业价值》,《管理学报》2015 年第 1 期。
周建、许为宾、余耀东:《制度环境、CEO 权力与企业战略风格》,《管理学报》2015 年第 6 期。

周劲波、黄胜：《国际社会资本与企业国际化特征关系研究》，《科研管理》2010 年第 1 期。

周经、吴可心：《东道国数字经济发展促进了中国对外直接投资吗?》，《南京财经大学学报》2021 年第 2 期。

周立新、宋帅：《家族企业国际化速度对企业绩效的影响——来自“一带一路”沿线省市家族企业的证据》，《华东经济管理》2019 年第 9 期。

Acedo F. J. , Jones M. V. , “Speed of Internationalization and Entrepreneurial Cognition: Insights and a Comparison between International New Ventures, Exporters and Domestic Firms” *Journal of World Business*, Vol. 42, No. 3, 2007.

Acharya V. V. , Amihud Y. and Litov L. , “Creditor Rights and Corporate Risk-Taking” *Journal of Financial Economics*, Vol. 102, No. 1, 2011.

Aiken L. S. , West S. G. and Reno R. R. , “Multiple Regression: Testing and Interpreting Interactions” *Sage*, 1991.

Alchian A. A. , “Some Economics of Property Rights.” *IL Politico*, Vol. 30, No. 4, 1965.

Almeida H. , Campello M. , “Financial Constraints, Asset Tangibility, and Corporate Investment” *The Review of Financial Studies*, Vol. 20, No. 5, 2007.

Amabile T. M. , Schatzel E. A. , Moneta G. B. and Kramer S. J. , “Leader Behaviors and the Work Environment for Creativity: Perceived Leader Support” *The Leadership Quarterly*, Vol. 15, No. 1, 2004.

Anderson C. , Galinsky A. D. , “Power, Optimism, and Risk-Taking” *European Journal Of Social Psychology*, Vol. 36, No. 4, 2006.

Bao G. , Liao Z. , Hine D. , “Managerial Cognition, Emergency Preparedness and Firm's Emergency Response Performance" *Journal of Risk Research*, Vol. 22, No. 12, 2019.

Barberis N., Thaler R., "A Survey of Behavioral Finance" *Handbook of the Economics of Finance*, Vol. 1, 2003.

Baron R. M., Kenny D. A., "The Moderator-Mediator Variable Distinction in Social Psychological Research: Conceptual, Strategic, and Statistical Considerations" *Journal of Personality Social Psychology*, Vol. 51, No. 6, 1986.

Ben-Oz C., Greve H. R., "Short-and Long-Term Performance Feedback and Absorptive Capacity" *Journal of Management*, Vol. 41, No. 7, 2015.

Bloodgood J. M., Sapienza H. J. and Almeida J. G., "The Internationalization of New High-Potential US Ventures: Antecedents and Outcomes" *Entrepreneurship Theory and Practice*, Vol. 20, No. 4, 1996.

Boulouta I., "Hidden Connections: The Link between Board Gender Diversity and Corporate Social Performance" *Journal of Business Ethics*, Vol. 113, No. 2, 2013.

Buckley P. J., Casson M., "The Future of the Multinational Enterprise" *Springer*, 2016.

Burgelman R. A., Floyd S. W., Laamanen T., Mantere S., Vaara E. and Whittington R., "Strategy Processes and Practices: Dialogues and Intersections" *Strategic Management Journal*, Vol. 39, No. 3, 2018.

Buyl T., Boone C. and Hendriks W., "Top Management Team Members' Decision Influence and Cooperative Behaviour: An Empirical Study in the Information Technology Industry" *British Joumal of Management*, Vol. 25, No. 2, 2014.

Camelo-Ordaz C., Hernάndez-Lara A. B. and Valle-Cabrera R., "The Relationship between Top Management Teams and Innovative Capacity in Companies" *Journal of Management Development*, Vol. 24, No. 8, 2005.

Carpenter M. A., Geletkanycz M. A. and Sanders W. G., "Upper Echelons Research Revisited: Antecedents, Elements, and Consequences of Top Management Team Composition" *Journal of Management*, Vol. 30, No. 6, 2004.

Carton A. M., Cummings J. N., "A Theory of Subgroups in Work Teams" *Academy of Management Review Journal of Management*, Vol. 37, No. 3, 2012.

Casillas J. C., Acedo F. J., "Speed in the Internationalization Process of the Firm" *International Journal of Management Reviews*, Vol. 15, No. 1, 2013.

Casillas J. C., Moreno - Menéndez A. M., "Speed of the Internationalization Process: The Role of Diversity and Depth in Experiential Learning" *Journal of International Business Studies*, Vol. 45, No. 1, 2014.

Caves R. E., "International Corporations: The Industrial Economics of Foreign Investment" *Economica*, Vol. 38, No. 149, 1971.

Chang S. J., Rhee J. H., "Rapid Fdi Expansion and Firm Performance" *Journal of International Business Studies*, Vol. 42, 2011.

Che Y., Lu Y., Tao Z. and Wang P., "The Impact of Income on Democracy Revisited" *Journal of Comparative Economics*, Vol. 41, No. 1, 2013.

Chetty S., Johanson M. and Martín O. M., "Speed of Internationalization: Conceptualization, Measurement and Validation" *Journal of World Business*, Vol. 49, No. 4, 2014.

Child J., Marinova S., "The Role of Contextual Combinations in the Globalization of Chinese Firms" *Management Organization Review*, Vol. 10, No. 3, 2014.

Child J., Rodrigues S. B., "The Internationalization of Chinese Firms: A Case for Theoretical Extension?" *Management Organization Review*, Vol. 1,

No. 3, 2005.

Chintrakarn P., Jiraporn P. and Tong S., "How Do Powerful CEOs View Corporate Risk-Taking? Evidence from the CEO Pay Slice (Cps)" *Applied Economics Letters*, Vol. 22, No. 2, 2015.

Cohen W. M., Levinthal D. A., "Absorptive Capacity: A New Perspective on Learning and Innovation" *Administrative Science Quarterly*, Vol. 35, No. 1, 1990.

Dadanlar H. H., Abebe M. A., "Female CEO Leadership and the Likelihood of Corporate Diversity Misconduct: Evidence from S&P 500 Firms" *Journal of Business Research*, Vol. 118, 2020.

Dah M. A., Jizi M. I., Kebbe R. and Finance., "CEO Gender and Managerial Entrenchment" *Research in International Business Finance*, Vol. 54, 2020.

Darley W. K., Smith R. E., "Gender Differences in Information Processing Strategies: An Empirical Test of the Selectivity Model in Advertising Response" *Journal of Advertising*, Vol. 24, No. 1, 1995.

Decety J., Sommerville J. A., "Shared Representations between Self and Other: A Social Cognitive Neuroscience View" *Trends in Cognitive Sciences*, Vol. 7, No. 12, 2003.

Deng P., Yang M., "Cross-Border Mergers and Acquisitions by Emerging Market Firms: A Comparative Investigation" *International Business Review*, Vol. 24, No. 1, 2015.

Deng P., "Chinese Outward Direct Investment Research: Theoretical Integration and Recommendations" *Management Organization Review*, Vol. 9, No. 3, 2013.

Denicolai S., Zucchella A. and Strange R., "Knowledge Assets and Firm International Performance" *International Business Review*, Vol. 23, No. 1,

2014.

Denrell J. , Fang C. , "Predicting the Next Big Thing: Success as a Signal of Poor Judgment" *Management Science*, Vol. 56, No. 10, 2010.

Dierickx I. , Cool K. , "Asset Stock Accumulation and Sustainability of Competitive Advantage" *Management Science*, Vol. 35, No. 12, 1989.

Dormann C. F. , Elith J. , Bacher S. , Buchmann C. , Carl G. , Carré G. , Marquéz J. R. G. , Gruber B. , Lafourcade B. and Leitão P. J. , "Collinearity: A Review of Methods to Deal with It and a Simulation Study Evaluating Their Performance" Ecography, Vol. 36, No. 1, 2013.

Doukas J. A. , Petmezas D. , "Acquisitions, Overconfident Managers and Self-Attribution Bias" *European Financial Management*, Vol. 13, No. 3,2007.

Dragot? I. -M. , Curmei-Semenescu A. and Moscu R. , "CEO Diversity, Political Influences, and CEO Turnover in Unstable Environments: The Romanian Case" *Journal of Risk Financial Management*, Vol. 13, No. 3, 2020.

Dunning J. H. , "Location and the Multinational Enterprise: A Neglected Factor?" *Journal of International Business Studies*, Vol. 29, No. 1, 1998.

Dutta D. K. , Malhotra S. and Zhu P. , "Internationalization Process, Impact of Slack Resources, and Role of the CEO: The Duality of Structure and Agency in Evolution of Cross-Border Acquisition Decisions" *Journal of World Business*, Vol. 51, No. 2, 2016.

Eagly A. H. , Johnson B. T. , "Gender and Leadership Style: A Meta-Analysis" *Psychological Bulletin*, Vol. 108, No. 2, 1990.

Eggers J. P. , Kaplan S. , "Cognition and Capabilities: A Multi-Level Perspective" *The Academy of Management Annals*, Vol. 7, No. 1, 2013.

Elosge C. , Oesterle M. -J. , Stein C. M. and Hattula S. , "CEO Succession and Firms' Internationalization Processes: Insights from German Companies" *International Business Review*, Vol. 27, No. 2, 2018.

Elsaid E., Ursel N. D., "Re-Examining the Glass Cliff Hypothesis Using Survival Analysis: The Case of Female CEO Tenure" *British Journal of Management*, Vol. 29, No. 1, 2018.

Faccio M., Marchica M. T. and Mura R., "CEO Gender, Corporate Risk-Taking, and the Efficiency of Capital Allocation" Journal of Corporate Finance, Vol. 39, 2016.

Fast N. J., Chen S., "When the Boss Feels Inadequate: Power, Incompetence, and Aggression" *Psychological Science*, Vol. 20, No. 11, 2009.

Ferris S. P., Jayaraman N. and Sabherwal S., "CEO Overconfidence and International Merger and Acquisition Activity" *Journal of Financial Quantitative Analysis*, Vol. 48, No. 1, 2013.

Finkelstein S., "Power in Top Management Teams: Dimensions, Measurement, and Validation" Academy of Management Journal, Vol. 35, No. 3, 1992.

Fiske S. T., Taylor S. E., "Social Cognition: From Brains to Culture" Sage, 2013.

Franke T., zu Knyphausen-Aufsess D., "On Dominant Logic: Review and Synthesis" Journal of Business Economics, Vol. 84, 2014.

Freeman S., Edwards R. and Schroder B., "How Smaller Born-Global Firms Use Networks and Alliances to Overcome Constraints to Rapid Internationalization" *Journal of International Marketing*, Vol. 14, No. 3, 2006.

Galbreath J., "Drivers of Green Innovations: The Impact of Export Intensity, Women Leaders, and Absorptive Capacity" *Journal of Business Ethics*, Vol. 158, 2019.

George G., "Slack Resources and the Performance of Privately Held Firms" *Academy of Management Journal*, Vol. 48, No. 4, 2005.

Gibson C., Vermeulen F., "A Healthy Divide: Subgroups as a Stimulus for Team Learning Behavior" *Administrative Science Quarterly*, Vol. 48, No. 2, 2003.

Gibson C. B., "From Knowledge Accumulation to Accommodation: Cycles of Collective Cognition in Work Groups" *Journal of Organizational Behavior*, Vol. 22, No. 2, 2001.

Goll I., Brown Johnson N. and Rasheed A. A., "Knowledge Capability, Strategic Change, and Firm Performance: The Moderating Role of the Environment" *Management Decision*, Vol. 45, No. 2, 2007.

Grinstein Y., Hribar P., "CEO Compensation and Incentives: Evidence from M&A Bonuses" *Journal of Financial Economics*, Vol. 73, No. 1, 2004.

Gupta A. K., Smith K. G. and Shalley C. E., "The Interplay between Exploration and Exploitation" *Academy of Management Journal*, Vol. 49, No. 4, 2006.

Hackbarth D., Hennessy C. A. and Leland H. E., "Can the Trade-Off Theory Explain Debt Structure?" *The Review of Financial Studies*, Vol. 20, No. 5, 2007.

Hambrick D. C., Finkelstein S., "Managerial Discretion: A Bridge between Polar Views of Organizational Outcomes" *Research in Organizational Behavior*, Vol. 9, 1987.

Hambrick D. C., Mason P. A., "Upper Echelons: The Organization as a Reflection of Its Top Managers" *Academy of Management Review*, Vol. 9, No. 2, 1984.

Harford J., Li K., "Decoupling CEO Wealth and Firm Performance: The Case of Acquiring CEOs" *The Journal of Finance*, Vol. 62, No. 2, 2007.

Hayward M. L., Hambrick D. C., "Explaining the Premiums Paid for Large Acquisitions: Evidence of CEO Hubris" *Administrative Science Quarterly*,

Vol. 42, No. 1, 1997.

Helfat C. E., Peteraf M. A., "Managerial Cognitive Capabilities and the Microfoundations of Dynamic Capabilities" *Strategic Management Journal*, Vol. 36, No. 6, 2015.

Hilmersson M., Johanson M., Lundberg H. and Papaioannou S., "Time, Temporality, and Internationalization: The Relationship among Point in Time of, Time to, and Speed of International Expansion" *Journal of International Marketing*, Vol. 25, No. 1, 2017.

Hitt M. A., Li D. and Xu K., "International Strategy: From Local to Global and Beyond" *Journal of World Business*, Vol. 51, No. 1, 2016.

Hoyt C. L., Murphy S. E., "Managing to Clear the Air: Stereotype Threat, Women, and Leadership" The Leadership Quarterly, Vol. 27, No. 3, 2016.

Hutzschenreuter T., Kleindienst I. and Schmitt M., "How Mindfulness and Acquisition Experience Affect Acquisition Performance" *Management Decision*, Vol. 52, No. 6, 2014.

Jain N. K., Celo S. and Kumar V., "Internationalization Speed, Resources and Performance: Evidence from Indian Software Industry" *Journal of Business Research*, Vol. 95, 2019.

Jensen M. C., Meckling W. H., "Theory of the Firm: Managerial Behavior, Agency Costs and Ownership Structure" *Journal of Financial Economics*, Vol. 3, No. 4, 1976.

Jensen M. C., "Agency Costs of Free Cash Flow, Corporate Finance, and Takeovers" *The American Economic Review*, Vol. 76, No. 2, 1986.

Jiang B., Murphy P. J., "Do Business School Professors Make Good Executive Managers?" *Academy of Management Perspectives*, Vol. 21, No. 3, 2007.

Jiang R. J., Beamish P. W. and Makino S., "Time Compression Diseconomies in

Foreign Expansion" *Journal of World Business*, Vol. 49, No. 1, 2014.

Johanson J., Vahlne J. -E., "The Uppsala Internationalization Process Model Revisited: From Liability of Foreignness to Liability of Outsidership" *International Business Strategy*, Routledge, 2015.

Jones M. V., Coviello N. E., "Internationalisation: Conceptualising an Entrepreneurial Process of Behaviour in Time" *Journal of International Business Studies*, Vol. 36, No. 3, 2005.

Kaczmarek S., Kimino S., and Pye A., "Board Task-Related Faultlines and Firm Performance: A Decade of Evidence" *Corporate Governance: An International Review*, Vol. 20, No. 4, 2012.

Kahneman D., Lovallo D. and Sibony O., "Before You Make That Big Decision" *Harvard Business Review*, Vol. 89, No. 6, 2011.

Keltner D., Gruenfeld D. H., and Anderson C., "Power, Approach, and Inhibition" *Psychological Review*, Vol. 110, No. 2, 2003.

Khan W. A., Vieito J. P., "CEO Gender and Firm Performance" *Journal of Economics Business*, Vol. 67, 2013.

Kuivalainen O., Sundqvist S., Saarenketo S. and McNaughton R., "Internationalization Patterns of Small and Medium-Sized Enterprises" *International Marketing Review*, Vol. 29, No. 5, 2012.

Lam K. C., McGuinness P. B. and Vieito J. P., "CEO Gender, Executive Compensation and Firm Performance in Chinese-Listed Enterprises" *Pacific-Basin Finance Journal*, Vol. 21, No. 1, 2013.

Lau D. C., Murnighan J. K., "Demographic Diversity and Faultlines: The Compositional Dynamics of Organizational Groups" *Academy of Management Review*, Vol. 23, No. 2, 1998.

Lazear E. P., Rosen S., "Rank-Order Tournaments as Optimum Labor Contracts" *Journal of Political Economy*, Vol. 89, No. 5, 1981.

Levinthal D. A. , "Adaptation on Rugged Landscapes" *Management Science*, Vol. 43, No. 7, 1997.

Lewellyn K. B. , Muller-Kahle M. I. , "CEO Power and Risk Taking: Evidence from the Subprime Lending Industry" *Corporate Governance: An International Review*, Vol. 20, No. 3, 2012.

Li J. , Tang Y. , "CEO Hubris and Firm Risk Taking in China: The Moderating Role of Managerial Discretion" *Academy of Management Journal*, Vol. 53, No. 1, 2010.

Lin H. C. , Rababah N. , "CEO-TMT Exchange, TMT Personality Composition, and Decision Quality: The Mediating Role of TMT Psychological Empowerment" The Leadership Quarterly, Vol. 25, No. 5, 2014.

Lin W. T. , "Family Ownership and Internationalization Processes: Internationalization Pace, Internationalization Scope, and Internationalization Rhythm" European Management Journal, Vol. 30, No. 1, 2012.

Lin W. T. , Cheng K. Y. , "Upper Echelon Compensation, Performance, and the Rhythm of Firm Internationalization" Management Decision, Vol. 51, No. 7, 2013.

Ling Y. , Simsek Z. , Lubatkin M. H. and Veiga J. F. , "Transformational Leadership's Role in Promoting Corporate Entrepreneurship: Examining the CEO-TMT Interface" *Academy of Management Journal*, Vol. 51, No. 3, 2008.

Liu D. , Fisher G. and Chen G. , "CEO Attributes and Firm Performance: A Sequential Mediation Process Model" *Academy of Management Annals*, Vol. 12, No. 2, 2018.

Lucas G. J. , Knoben J. , and Meeus M. T. , "Contradictory yet Coherent? Inconsistency in Performance Feedback and R&D Investment Change" *Journal of Management*, Vol. 44, No. 2, 2018.

Luo Y., Tung R. L., "International Expansion of Emerging Market Enterprises: A Springboard Perspective" *Journal of International Business Studies*, Vol. 38, No. 4, 2007.

Lyles M., Li D. and Yan H., "Chinese Outward Foreign Direct Investment Performance: The Role of Learning" *Management Organization Review*, Vol. 10, No. 3, 2014.

Malmendier U., Tate G., "Behavioral CEOs: The Role of Managerial Overconfidence" *Journal of Economic Perspectives*, Vol. 29, No. 4, 2015.

Malmendier U., Tate G., "CEO Overconfidence and Corporate Investment" *The Journal of Finance*, Vol. 60, No. 6, 2005.

Malmendier U., Tate G., "Who Makes Acquisitions? CEO Overconfidence and the Market's Reaction" *Journal of Financial Economics*, Vol. 89, No. 1, 2008.

March J. G., "Exploration and Exploitation in Organizational Learning" *Organization Science*, Vol. 2, No. 1, 1991.

Marquis C., Tilcsik A., "Imprinting: Toward a Multilevel Theory" *The Academy of Management Annals*, Vol. 7, No. 1, 2013.

Mathews J. A., "Dragon Multinationals: New Players in 21st Century Globalization" *Asia Pacific Journal of Management*, Vol. 23, 2006.

McCarthy I. P., Lawrence T. B., Wixted B. and Gordon B. R., "A Multidimensional Conceptualization of Environmental Velocity" *Academy of Management Review*, Vol. 35, No. 4, 2010.

Meyer B., Glenz A., "Team Faultline Measures: A Computational Comparison and a New Approach to Multiple Subgroups" *Organizational Research Methods*, Vol. 16, No. 3, 2013.

Mohr A., Batsakis G., "Internationalization Speed and Firm Performance: A Study of the Market-Seeking Expansion of Retail MNEs" *Management In-*

ternational Review, Vol. 57, 2017.

Mueller D. C. , "A Theory of Conglomerate Mergers" *The Quarterly Journal of Economics*, Vol. 83, No. 4, 1969.

Nadkarni S. , Barr P. S. , "Environmental Context, Managerial Cognition, and Strategic Action: An Integrated View" *Strategic Management Journal*, Vol. 29, No. 13, 2008.

Narayanan M. P. , "Debt Versus Equity under Asymmetric Information" *Journal of Financial Quantitative Analysis*, Vol. 23, No. 1, 1988.

Narayanan V. K. , Zane L. J. and Kemmerer B. , "The Cognitive Perspective in Strategy: An Integrative Review" *Journal of Management*, Vol. 37, No. 1, 2011.

Nielsen S. , Huse M. , "The Contribution of Women on Boards of Directors: Going Beyond the Surface" *Corporate Governance: An Internatiord Review*, Vol. 18, No. 2, 2010.

Ocasio W. , "Towards an Attention-Based View of the Firm" *Strategic Management Journal*, Vol. 18, No. S1, 1997.

Pacheco-de-Almeida G. , "Erosion, Time Compression, and Self-Displacement of Leaders in Hypercompetitive Environments" *Strategic Management Journal*, Vol. 31, No. 13, 2010.

Paustian-Underdahl S. C. , Walker L. S. and Woehr D. J. , "Gender and Perceptions of Leadership Effectiveness: A Meta-Analysis of Contextual Moderators" *Journal of Applied Psychology*, Vol. 99, No. 6, 2014.

Peterson R. S. , Smith D. B. , Martorana P. V. and Owens P. D. , "The Impact of Chief Executive Officer Personality on Top Management Team Dynamics: One Mechanism by Which Leadership Affects Organizational Performance" *Journal of Applied Psychology*, Vol. 88, No. 5, 2003.

Pla-Barber J. , Escribá-Esteve A. , "Accelerated Internationalisation: Evidence from a Late Investor Country" *International Marketing Review*, Vol. 23, No. 3, 2006.

Powell T. C., Lovallo D. and Fox C. R., "Behavioral Strategy" *Strategic Management Journal*, Vol. 32, No. 13, 2011.

Prashantham S., Young S., "Post-Entry Speed of International New Ventures" *Entrepreneurship Theory Practice*, Vol. 35, No. 2, 2011.

Quigley T. J., Hambrick D. C., "Has the 'CEO Effect' Increased in Recent Decades? A New Explanation for the Great Rise in America's Attention to Corporate Leaders" *Strategic Management Journal*, Vol. 36, No. 6, 2015.

Richard O. C., Wu J., Markoczy L. A. and Chung Y., "Top Management Team Demographic-Faultline Strength and Strategic Change: What Role Does Environmental Dynamism Play?" *Strategic Management Journal*, Vol. 40, No. 6, 2019.

Rockville M., "Basic Behavioral Science Research for Mental Health" *Am. Psychol*, Vol. 51, 1996.

Rodríguez-Bailón R., Moya M. and Yzerbyt V., "Why Do Superiors Attend to Negative Stereotypic Information About Their Subordinates? Effects of Power Legitimacy on Social Perception" *European Journal of Social Psychology*, Vol. 30, No. 5, 2000.

Rothaermel F. T., Alexandre M. T., "Ambidexterity in Technology Sourcing: The Moderating Role of Absorptive Capacity" *Organization Science*, Vol. 20, No. 4, 2009.

Rothaermel F. T., Hill C. W., "Technological Discontinuities and Complementary Assets: A Longitudinal Study of Industry and Firm Performance" *Organization Science*, Vol. 16, No. 1, 2005.

Rui H., Yip G. S., "Foreign Acquisitions by Chinese Firms: A Strategic Intent Perspective" *Journal of World Business*, Vol. 43, No. 2, 2008.

Sanders W. G. , Hambrick D. C. , "Swinging for the Fences: The Effects of CEO Stock Options on Company Risk Taking and Performance" *Academy of Management Journal*, Vol. 50, No. 5, 2007.

Sawyer J. E. , Houlette M. A. and Yeagley E. L. , "Decision Performance and Diversity Structure: Comparing Faultlines in Convergent, Crosscut, and Racially Homogeneous Groups" *Organizational Behavior Human Decision Processes*, Vol. 99, No. 1, 2006.

Shefrin H. , "Behavioral Corporate Finance" *Journal of Applied Corporate Finance*, Vol. 14, No. 3, 2001.

Shi W. , Prescott J. E. , "Rhythm and Entrainment of Acquisition and Alliance Initiatives and Firm Performance: A Temporal Perspective" *Organization Studies*, Vol. 33, No. 10, 2012.

Siddharthan N. S. , Lall S. , "The Recent Growth of the Largest Us Multinationals" *Oxford Bulletin of Economics Statistics*, Vol. 44, No. 1, 1982.

Simon H. A. , "Administrative Behavior" *Simon and Schuster*, 2013.

Simsek Z. , Heavey C. and Fox B. C. , "(Meta-) Framing Strategic Entrepreneurship" *Strategic Organization*, Vol. 15, No. 4, 2017.

Simsek Z. , Heavey C. and Veiga J. F. , "The Impact of CEO Core Self-Evaluation on the Firm's Entrepreneurial Orientation" *Strategic Management Journal*, Vol. 31, No. 1, 2010.

Simsek Z. , Veiga J. F. , Lubatkin M. H. and Dino R. N. , "Modeling the Multilevel Determinants of Top Management Team Behavioral Integration" *Academy of Management Journal*, Vol. 48, No. 1, 2005.

Stanovich K. E. , "Rational and Irrational Thought. " *Scientific American Mind*, Vol. 20, No. 6, 2009.

Starbuck W. H. , Milliken F. J. , "Challenger: Fine-Tuning the Odds until Something Breaks" *Journal of Management Studies*, Vol. 25, No. 4, 1988.

Sullivan D. , “Measuring the Degree of Internationalization of a Firm: the Thinking that IQ Tests Miss” *Journal of International Business Studies*, Vol. 25, 1994.

Tan H. , Mathews J. A. , “Accelerated Internationalization and Resource Leverage Strategizing: The Case of Chinese Wind Turbine Manufacturers” *Journal of World Business*, Vol. 50, No. 3, No. 2, 2015.

Tan H. , Mathews J. A. , “Accelerated Internationalization and Resource Leverage Strategizing: The Case of Chinese Wind Turbine Manufacturers” *Journal of World Business*, Vol. 50, No. 3, 2015.

Thatcher S. M. , Jehn K. A. and Zanutto E. , “Cracks in Diversity Research: The Effects of Diversity Faultlines on Conflict and Performance” *Group Decision Negotiation*, Vol. 12, No. 3, 2003.

Van Essen M. B. , Otten J. and Carberry E. J. , “Assessing Managerial Power Theory: A Meta-Analytic Approach to Understanding the Determinants of CEO Compensation” *Journal of Management*, Vol. 41, No. 1, 2015.

Vermeulen F. , Barkema H. , “Pace, Rhythm, and Scope: Process Dependence in Building a Profitable Multinational Corporation” *Strategic Management Journal*, Vol. 23, No. 7, 2002.

Voss G. B. , Sirdeshmukh D. and Voss Z. G. , “The Effects of Slack Resources and Environmentalthreat on Product Exploration and Exploitation” *Academy of Management Journal*, Vol. 51, No. 1, 2008.

Wagner H. , “Internationalization Speed and Cost Efficiency: Evidence from Germany” *International Business Review*, Vol. 13, No. 4, 2004.

Walsh J. P. , “Managerial and Organizational Cognition: Notes from a Trip Down Memory Lane” *Organization Science*, Vol. 6, No. 3, 1995.

Wang C. , Hong J. , Kafouros M. and Wright M. , “Exploring the Role of Government Involvement in Outward FDI from Emerging Economies” *Jour-*

nal of International Business Studies, Vol. 43, No. 7, 2012.

Weinstein N. D., "Unrealistic Optimism About Future Life Events" *Journal of Personality Social Psychology*, Vol. 39, No. 5, 1980.

Welch C., Paavilainen-M? ntym? ki E., "Putting Process (Back) In: Research on the Internationalization Process of the Firm" *International Journal of Management Reviews*, Vol. 16, No. 1, 2014.

Welch C. L., Welch D. E. and Hewerdine L., "Gender and Export Behaviour: Evidence from Women-Owned Enterprises" *Journal of Business Ethics*, Vol. 83, No. 1, 2008.

Wiersema M. F., Bantel K. A., "Top Management Team Demography and Corporate Strategic Change" *Academy of Management Journal*, Vol. 35, No. 1, 1992.

Wiersema M. F., Bowen H. P., "Corporate Diversification: The Impact of Foreign Competition, Industry Globalization, and Product Diversification" *Strategic Management Journal*, Vol. 29, No. 2, 2008.

Wiseman R. M., Gomez-Mejia L. R., "A Behavioral Agency Model of Managerial Risk Taking" *Academy of Management Review*, Vol. 23, No. 1, 1998.

Wrona T., "Managerial and Organizational Cognition: Implications for Business and Management in Europe" *European Management Journal*, Vol. 30, No. 5, 2012.

Ye Y., Yu W. and Nason R., "Performance Feedback Persistence: Comparative Effects of Historical Versus Peer Performance Feedback on Innovative Search" *Journal of Management*, Vol. 47, No. 4, 2021.

Zhao H., Seibert S. E. and Hills G. E., "The Mediating Role of Self-Efficacy in the Development of Entrepreneurial Intentions" *Journal of applied psychology*, Vol. 90, No. 6, 2005.